나라에 일이 생기면 누가 해결하지?

개정판 1쇄 발행 2023년 5월 30일

지은이 서지원   **그린이** 이주윤
펴낸이 정혜숙   **펴낸곳** 마음이음

책임편집 이금정

등록 2016년 4월 5일(제2018-000037호)
주소 03925 서울시 마포구 월드컵북로 402, 9층 917A호(상암동 KGIT센터)
전화 070-7570-8869   **팩스** 0505-333-8869
전자우편 ieum2016@hanmail.net
블로그 https://blog.naver.com/ieum2018

ⓒ 서지원, 이주윤 2020

ISBN 979-11-89010-21-8 73340
       979-11-960132-3-3 (세트)

이 책의 내용은 저작권법의 보호를 받는 저작물이므로 무단전재와 복제를 금합니다.
책값은 뒤표지에 있습니다.

어린이제품안전특별법에 의한 제품표시
제조자명 마음이음   **제조국명** 대한민국   **사용연령** 만 9세 이상 어린이 제품
KC마크는 이 제품이 공통안전기준에 적합하였음을 의미합니다.

나라에 일이 생기면 누가 해결하지?

서지원 지음 이주윤 그림

마음이음

차례

작가의 말 • 6
대한민국 정부 기관을 알아봐요! • 8

| 첫 번째 | 나라 경제를 계획하는 **기획재정부** • 10
| 두 번째 | 학생들의 교육을 책임지는 **교육부** • 20
| 세 번째 | 과학을 발전시키는 **과학기술정보통신부** • 28
| 네 번째 | 외국과 교류하는 **외교부** • 38
| 다섯 번째 | 남북 평화 통일을 준비하는 **통일부** • 48
| 여섯 번째 | 법과 관련된 일을 도맡아 하는 **법무부** • 58
| 일곱 번째 | 나라를 지키는 **국방부** • 66
| 여덟 번째 | 우리나라의 자긍심을 높이는 **문화체육관광부** • 74

아홉 번째	나라 산업을 관장하는 **산업통상자원부**	• 82
열 번째	국민의 생명을 지키고 관리하는 **보건복지부**	• 92
열한 번째	깨끗한 나라로 지켜 주는 **환경부**	• 100
열두 번째	일할 수 있도록 도와주는 **고용노동부**	• 110
열세 번째	여성, 가족, 청소년들을 위해 일하는 **여성가족부**	• 118
열네 번째	나라의 발전을 계획하는 **국토교통부**	• 128
열다섯 번째	우리나라 바다를 지키는 **해양수산부**	• 136
열여섯 번째	소상공인을 돕는 **중소벤처기업부**	• 144

더 알아봐요! • 152

작가의 말

자랑스러운 대한민국의 일꾼들을 소개합니다!

요즘 텔레비전과 유튜브 등을 보면 외국인들이 우리나라를 여행하며 체험하는 방송이 종종 나와요. 방송 중에 남아프리카공화국에서 온 친구들이 저녁을 먹기 위해 골목길로 향했을 때예요. "남아프리카공화국에서는 어두운 골목길은 절대 가면 안 돼요."라면서 건장한 체격의 남성들이 두려워했지요. 한국에 사는 친구는 이곳에서는 그럴 일 없다며 안심시켰어요. 한국이 얼마나 안전한 곳인지 새삼스럽게 알게 된 순간이었어요.

외국인들이 우리나라에 와서 놀라는 것 중 하나는 빠른 인터넷 속도와 공공 와이파이예요. 지하철, 버스, 공항 등에서 인터넷을 무료로 사용할 수 있다면서 신기해하지요. 또한 교통 시설도 편리하다며 감탄해요. 서울은 지하철과 버스를 타면 웬만한 곳은 다 갈 수 있고, KTX를 타면 먼 곳까지 빨리 다녀올 수 있으며, 항공기와 공항도 매우 잘 돼 있지요. 이 밖에도 교육 시설이 잘 돼 있는 나라, 과학 기술력이 높은 나라, 문맹률이 1퍼센트도 안 되는 나라 등 외국인들이 보기에 부러운 점이 한두 가지가 아니에요.

앞에서 설명한 안전, 공공 와이파이, 교통 시설 등은 모두 공공 서비스예요. 공공 서비스는 국가나 지방 자치 단체에서 국민을 위해 하는 사업이에요. 교통 시설을 안전하게 하는 일, 태풍이 불거나 자연재해가 일어났을 때 국민을 안전하게 지키는 일, 질병에 걸리지 않도록 어린이들에게 예방 접종을 하는 일 등이 모두 공공 서비스지요.

대한민국의 역사는 1919년 임시 정부에서 시작해요. 2019년 대한민국은 임시 정부 수립 100주년이 되었어요. 그동안 우리나라는 일제 강점기와 6.25 전쟁을 겪었지만 짧은 기간에 어려움을 극복하고 세계 경제 순위 10위에 올라섰어요. 전 세계를 통틀어 산업화와 민주화를 동시에 이루어 낸 국가는 대한민국이 유일해요.

대한민국 정부는 모든 국민이 안전하고 편리한 생활을 할 수 있도록 노력하지요. 나라 살림을 잘하려면 전문적이고 능률적으로 일해야 해요. 그래서 대한민국 정부는 다양한 전문성을 띤 18부로 나누어져 있어요.

대한민국이 자랑스러울 때가 언제인가요? 축구에서 승리하거나 올림픽에서 금메달을 땄을 때인가요? 저는 아주 작은 일에도 최선을 다하는 모습을 보일 때라고 생각해요. 사회적 약자에게도 작은 것 하나 불편함 없이 배려해 줄 때라고 생각해요. 너, 나, 우리는 모두 대한민국 국민이에요. 이제는 당당하게 대한민국이 자랑스럽다고 말할 수 있어야겠어요. 그러려면 대한민국 정부가 어떤 일을 하는지 잘 알아야겠지요? 자, 함께 책 속으로 들어가 봐요.

서지원

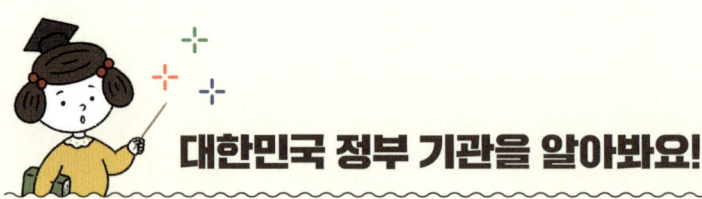

대한민국 정부 기관을 알아봐요!

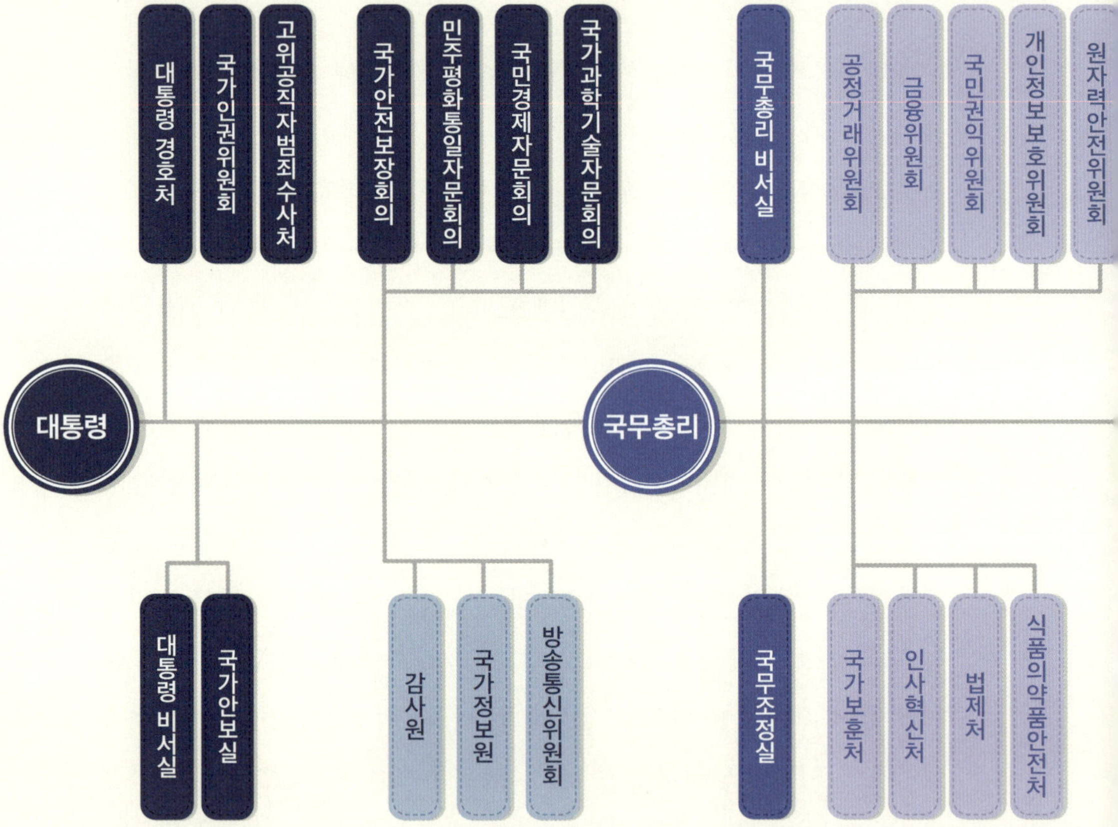

대통령
- 대통령 경호처
- 국가인권위원회
- 고위공직자범죄수사처
- 국가안전보장회의
- 민주평화통일자문회의
- 국민경제자문회의
- 국가과학기술자문회의
- 대통령 비서실
- 국가안보실

국무총리
- 국무총리 비서실
- 공정거래위원회
- 금융위원회
- 국민권익위원회
- 개인정보보호위원회
- 원자력안전위원회
- 국무조정실
- 국가보훈처
- 인사혁신처
- 법제처
- 식품의약품안전처
- 감사원
- 국가정보원
- 방송통신위원회

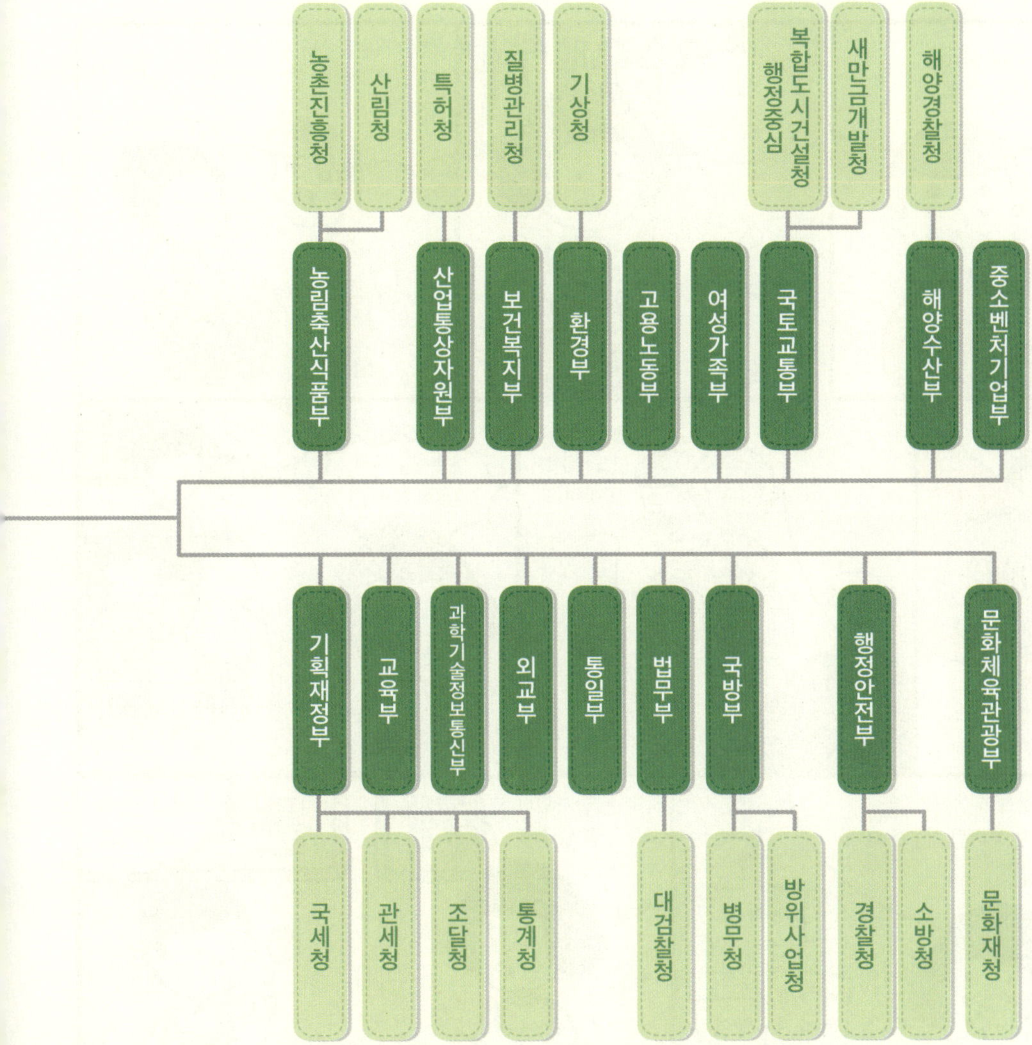

정부 조직도

중앙행정기관 (부)
- 농림축산식품부 — 농촌진흥청, 산림청
- 산업통상자원부 — 특허청
- 보건복지부 — 질병관리청
- 환경부 — 기상청
- 고용노동부
- 여성가족부
- 국토교통부 — 행정중심복합도시건설청, 새만금개발청
- 해양수산부 — 해양경찰청
- 중소벤처기업부

- 기획재정부 — 국세청, 관세청, 조달청, 통계청
- 교육부
- 과학기술정보통신부
- 외교부
- 통일부
- 법무부 — 대검찰청
- 국방부 — 병무청, 방위사업청
- 행정안전부 — 경찰청, 소방청
- 문화체육관광부 — 문화재청

 첫 번째

구두쇠 할아버지의 비밀

나라 경제를 계획하는 기획재정부

나라의 경제 정책을 세워요

 엄마가 그러셨는데, 살림살이를 잘하려면 계획을 잘 세워야 한대.

 나라의 살림살이도 마찬가지야. 나라 살림을 위해 경제 정책을 세우는 곳이 기획재정부야.

세계에는 200개가 넘는 나라가 있는데, 나라마다 대표하는 산업이 달라요. 이탈리아의 패션, 일본의 전자, 미국의 정보 통신, 독일의 자동차처럼 말이에요. 국가에서는 나라의 경제와 산업을 어떻게 이끌어 갈지 정책을 정해서 추진해요. 나라마다 대표하는 산업이 다른 것도 전략적으로 지원하는 산업이 다르기 때문이에요.

기획재정부는 나라의 경제 정책을 세우는 곳이에요. 앞으로 어떠한 산업을 중점적으로 키우고, 세계 시장에서 어떻게 경쟁할지 전략을 세우지요. 우리나라의 경우 1970~1980년대에는 배나 자동차, 철강 등 중공업을 중점적으로 키웠었어요. 2000년대 이후부터는 컴퓨터와 인터넷 등 정보 통신 분야를 집중해서 지원하고 있어요. 대부분의 국민들이 인터넷을 빠르고 편리하게 사용하게 된 것은 나라에서 정책적으로 ICT(정보 통신 기술) 환경을 만들어 갔기 때문이에요.

원칙을 세우고 세금을 거둬요

 우리나라 정부는 무슨 돈으로 나라 살림을 하지?

 우리나라 국민이라면 누구나 세금을 내잖아. 그 세금으로 정부는 나라 살림을 하는 거야. 세금을 걷는 곳이 기획재정부이고.

세금은 나라를 운영하는 데 필요한 돈을 마련하는 중요한 방법이에요. 또 돈을 많이 버는 사람과 적게 버는 사람의 수입 차이를 줄이는 방법이기도 해요. 기획재정부는 어떤 기준으로, 누구에게 얼마나 세금을 걷을지 원칙을 세우는 곳이에요.

세금은 국민 모두와 관련된 일이기 때문에 공정하고, 정확한 원칙이 있어야 해요.

예를 들어 사업을 하는 사람들은 반드시 부가가치세를 내야 해요. 수

입이 많든, 적든 소득의 10퍼센트를 내는 것이 의무이지요. 그 밖에 물건을 살 때마다 붙는 부가가치세는 나이와 소득에 상관없이 전 국민이 내요. 또 땅을 가진 사람들은 토지세를, 소득이 있는 사람들은 소득세를 내요. 이렇게 거둬들인 세금은 기획재정부에서 관리해요. 기획재정부는 얼마의 세금을 거둬들여 어떻게 쓸 것인지, 나라의 세금 정책을 관리하는 기관이라고 할 수 있어요.

부과한 세금을 거두는 것도 기획재정부의 몫이에요. 어떤 사람들은 세금을 덜 내기 위해 소득을 가짜로 신고하기도 하고, 외국에 돈을 숨기기도 해요. 기획재정부는 국제 기구들과 협조하여 해외에 숨어 있는 탈세범을 추적하거나 감추어 둔 재산을 찾아내고 있어요.

밥상 물가를 잡는다고요?

 지난번에 조류 독감 때문에 달걀 값이 크게 올랐잖아?

 그래서 정부에서 급히 달걀을 수입해 왔지. 그것도 기획재정부가 한 일이야.

밥상 위에 올라오는 식품의 가격이 얼마나 오르고 내렸는지 나타내는 것을 밥상 물가라고 해요. 가끔 장을 보면서 엄마가 하시는 말씀을 들어본 친구도 있을 거예요. 물가는 물건의 가치를 이르는 말이에요.

물가가 크게 오르면, 돈의 가치가 떨어지고 사회적으로 큰 문제가 될 수 있어요. 2008년, 짐바브웨에서는 물가가 폭발적으로 올라 빵 하나를 사기 위해 자루 가득 지폐를 가져가야 했었지요.

기획재정부는 큰 변동 없이 물가가 유지될 수 있도록 여러 활동을 해요. 갑자기 쌀값이 크게 오를 것 같으면 국가 창고에 보관하던 쌀을 풀어 가격이 오르지 않도록 하고, 조류 독감으로 달걀이 부족하면 외국에서 긴급으로 달걀을 수입해 오기도 해요.

기획재정부는 나라 안의 물가뿐 아니라 해외에서 우리 돈의 가치를 지키는 일도 하고 있어요. 우리 돈과 외국 돈을 바꿀 수 있는 비율을 환율이라고 해요.

우리 돈의 가치가 떨어질 것 같으면 기획재정부에서는 긴급 자금을 풀어 원화를 사들여요. 나라 안과 바깥에서 돈과 물건의 가치를 안정적으로 이끌어 가는 일을 책임지고 있는 것이지요.

나라에 필요한 물품을 구매해요

 공무원들이 사용하는 컴퓨터나 책상은 누가 사는 거야?

 조달청이란 곳에서 사지. 나라 전체에 필요한 물건을 한꺼번에 구매하는 곳이야.

나라 살림을 꾸리려면 많은 것들이 필요해요. 도로, 신호등, 관공서의 책상 등 다양하고 많은 것들이 필요하지요.

나라에 필요한 물품을 사는 일은 기획재정부에 소속된 조달청이라는 기관에서 해요.

그 밖에도 조달청은 주요 시설 계약과 관리까지 책임지고 있어요.

책상이나 종이 등 한 종류의 물건이라도 나라 전체에 필요한 물건을 한꺼번에 구매하기 때문에 아주 많은 양이 필요해요. 선정된 업체는 큰 이익을 얻을 수 있기 때문에 경쟁이 치열할 수밖에 없어요. 나라에서는 깨끗하고 공정하게 거래하기 위해 인터넷에 '나라장터'라는 서비스를 운영해요. 그곳에 모든 입찰 정보를 공고하고 공개 입찰을 하고 있어요.

기획재정부 뉴스

집이 두 채면 세금을 많이 낸다고요?

몇 년 사이에 아파트값이 크게 오르면서, 나라에서 아파트값을 낮추기 위해 노력하고 있어요. 국민들이 집을 거주 목적이 아닌 투기 대상으로 삼는 것을 막기 위해 부동산 정책을 여러 번 발표했어요.

부동산 정책 중 하나는 실제로 거주하는 집 외에 여러 채의 집을 갖고 있으면 세금을 많이 내도록 원칙을 바꾼 것이었어요. 그리고 전세 자금 대출을 받은 후, 9억 원이 넘는 비싼 주택을 사거나 주택을 두 채 이상 보유하면 대출해 준 전세 자금을 회수해요.

기획재정부가 걷는 세금에는 아파트나 땅과 같은 부동산 세금도 포함돼요. 기획재정부는 국토개발부와 함께 의논해서 부동산에 대해 어떻게 세금을 부과할 것인지 결정하지요.

소적도 수능 특공대

학생들의 교육을 책임지는 교육부

동생과 내가 배운 교과서가 달라요

 올해 초등학생이 된 동생의 국어 교과서를 펼쳐 보았는데, 내가 배웠던 교과서와 내용이 다르지 뭐야.

 그건 교육 과정이 바뀌면서 교과서도 바뀌었기 때문이야.

빠르게 변하는 사회에 맞추어 우리가 학교에서 배우는 내용도 바뀌어요. 교육부는 우리나라 학교에서 학생들에게 무엇을 가르칠지 계획을 세우고 실행하는 곳이에요.

또한 맞벌이 부부 자녀를 위한 유치원과 초등학교의 돌봄 교실 운영, 진로 탐색을 위한 자유학년제 운영 등 교육과 관련된 모든 것을 관리해요.

교육부 아래에는 각 지역별로 교육청이 있지요. 우리가 다니는 학교도 지역의 교육청에 속해 있어요.

사촌 동생은 왜 유치원에 가지 않는 걸까요?

 우리 집에 사촌 동생이 놀러 왔는데 자꾸 내 장난감을 달라는 거야! 빨리 집으로 돌아갔으면 좋겠는데…….

 네 사촌 동생은 유치원에 다니지 않아?

　유치원이나 어린이집은 학교에 가기 전 유아들이 다니는 학교예요. 요즘은 엄마, 아빠 모두 직장에 다니는 경우가 많아서 대부분의 유아들이 유아 학교를 다녀요. 그런데 유아 학교는 초등학교보다 교육비가 많이 비싸요. 나라에서 운영하는 국공립 어린이집이나 유치원은 적은 비용으로 갈 수 있지만 수가 부족하여 들어가기가 힘들어요.

　사립 유치원에서는 교육부에서 더 많은 지원을 해 주면 유치원 비용을 낮출 수 있다고 주장하고 있어요. 2019년에 사립 유치원이 단체로 문을 닫았던 것은 사립 유치원의 요구를 들어 달라는 뜻에서 이루어진 시위였어요. 게다가 사립 유치원 중 일부에서는 유치원비를 원장이 개인 용도로 쓰는 일도 벌어졌지요. 아이들을 위해 쓰여야 할 돈을 마치 자신의 쌈짓돈처럼 쓰다가 발각된 거예요. 이런 비리를 막기 위해 교육부에서는 나라에서 운영하는 어린이집과 유치원을 많이 늘릴 계획을 하고 있어요.

맞벌이 부부가 늘어 가는 요즘, 유아 교육을 지원하는 것은 교육부의 중요한 업무 중 하나가 되었지요.

선생님이 되고 싶어요

교육 대학교에 다니던 언니 오빠들이 학교를 벗어나 피켓을 들고 거리에서 시위했던 거 기억나?

그래, 교육부에서 1년에 뽑는 선생님 숫자를 줄일 것이라고 발표했기 때문이었지.

2017년, 교육부에서는 아기가 적게 태어나 앞으로 초등학생 수가 줄 것이기 때문에 선생님을 적게 뽑을 것이라고 발표했어요. 이 때문에 교원 단체들이 크게 반대했지요.

교육부는 선생님을 선발해서 각 학교에 보내는 일을 담당해요. 선생님이 되려면 어떤 시험을 봐야 하는지, 어느 지역에 몇 명의 선생님이 필요한지 계획을 세우고 관리해요. 또 학생들에게 가르칠 새로운 교과 내용이 생기면 필요한 공부를 할 수 있도록 선생님에게 연수 프로그램을 지원하지요. 선생님들은 교육부의 연수를 통해 새로운 교과 과정에 맞게 학습 방법을 공부하고 연구할 수 있어요.

또, 교육부에서는 의무 교육을 받아야 하는 어린이들뿐만 아니라 성인과 노인들의 교육에도 힘쓰고 있어요. 각 대학마다 평생 교육원을 만들어서 지역 사회 주민들에게 개방하여 공부할 수 있는 기회를 주고 있지요. 덕분에 요즘은 나이 든 어르신들도 대학에 다니며 공부하는 모습을 쉽게 볼 수 있답니다.

교육부 뉴스

어린이를 보호해요

학교는 학생들이 가장 많은 시간을 보내는 공간이에요. 그래서 그 어느 곳보다 안전한 곳이어야 해요. 교육부는 학교를 안전한 곳으로 만드는 책임이 있어요. 학생들이 집단 따돌림이나 학교 폭력에 시달리지는 않는지, 학생들의 급식이 건강한 먹거리인지 감시하지요.

교육부는 학생들을 안전하게 보호하기 위해 학교와 함께 여러 가지 제도를 운영해요. 학생들에게 폭력 예방 교육을 하고, 학교 안전 지킴이가 학교 안을 지키도록 하고 있어요. 또한 수업 시간이 끝난 후 안전하게 시간을 보낼 수 있도록 방과 후 수업과 돌봄 교실을 운영하도록 지원해요.

미래 과학과 4차 산업혁명을 준비해요!

과학을 발전시키는 과학기술정보통신부

과학 정책을 세워요

 4차 산업혁명을 준비하는 정부 기관이 있대.

 과학기술정보통신부잖아. 그곳에서 국가 전체의 미래 산업을 준비하고 있어.

4차 산업혁명에 대해 들어본 적 있나요? 요즘 방송과 인터넷에서 쉽게 듣거나 볼 수 있는 단어 중 하나예요. 2030년 이후 세계 산업과 과학 기술을 이끌어 갈 핵심 내용이 될 거라 예측하고 있어요. 우리나라에서는 과학기술정보통신부를 중심으로 국가 전체의 4차 산업혁명을 준비하고 있어요.

과학기술정보통신부는 우리나라에서 어떠한 기술을 집중적으로 성장시켜 산업과 연결할지 고민하는 국가 기관이에요. 다가올 미래를 준비하기 위해 과학 기술에 대한 정책을 만들고, 연구를 지원하지요.

매년 12월이 되면 전 세계 과학계를 들썩이게 하는 중요한 발표가 있어요. 노벨 위원회가 세계에서 가장 뛰어난 과학자를 선정해 발표해요. 노벨상은 인류 복지에 공헌한 사람이나 단체에게 수여하는 상인데, 문학, 화학, 물리학, 생리학, 평화, 경제학 등 6개 부문에 상을 줘요.

 이 가운데 화학, 물리학, 생리학은 기초 과학 분야이기 때문에 세계 국가들의 기초 과학 정책이 많이 비교돼요. 우리나라에서도 노벨상을 탈 수 있는 뛰어난 과학자가 나오도록 기초 과학 분야를 적극적으로 지원할 예정이에요.

과학 인재를 키워요

 과학을 잘하는 인재를 뽑아서 정부에서 교육해 준대!

 국가의 미래를 위해 뛰어난 인재가 필요하거든. 우리도 열심히 공부해서 과학 영재가 되자!

 국가는 미래를 위해 뛰어난 인재를 발굴해 키워야 해요. 우리나라의 과학 기술을 책임질 과학 영재들을 키우는 건 과학기술정보통신부가 담당하는 일 중 하나예요. 이를 위해 과학기술정보통신부는 한국과학기술원을 비롯해 울산과학기술원, 광주과학기술원, 대구경북과학기술원 등 과학기술 전문 교육기관을 지원하고 관리해요.

또 과학에 관심 있는 어린이들이 언제든 찾아가 볼 수 있도록 전국에 여러 곳의 과학관을 운영하고 있어요. 대전에 있는 국립중앙과학관을 비롯해 서울과 과천, 부산, 대구, 광주 등에 국립과학관이 있어요. 이곳에 가면 기초 과학부터 첨단 과학까지 과학에 관련된 다양한 정보뿐 아니라 신기한 체험도 할 수 있어요.

방학이나 방과 후 수업 때 특별 프로그램을 진행하기도 하니 집 주변의 과학관 프로그램을 잘 살펴보고 참여해 보세요.

전파를 관리해요

눈에 보이지 않는 전파는 누가 관리하지?

TV, 라디오, 스마트폰 전파 말이지? 전파도 잘못 쓰면 사람들에게 피해를 주잖아. 그래서 정부가 직접 관리해.

전파는 우리 주변에 퍼져 있는 전자기파예요. 전파를 이용해 TV를 보거나 라디오를 듣기도 하고, 스마트폰으로 통화할 수도 있어요. 전파는 인간의 생활을 편리하게 만들지만 나쁘게 사용하면 사람들을 위험에 빠뜨릴 수도 있어요.

만약 전파를 악당이 장악했다고 생각해 보세요. 모든 TV 방송은 악당이 지시하는 내용만 내보낼 것이고, 모든 사람의 전화기나 컴퓨터는 악당의 감시를 벗어날 수 없을 거예요. 그래서 대부분의 나라에서는 전파와 방송을 정부가 직접 관리해요.

과학기술정보통신부는 소속 기관으로 국립전파연구원과 중앙전파관리소를 두고 있어요. 이 두 기관은 5세대(5G) 상용화를 위한 기술 기준을 마련하고, 전파가 필요한 기업에게 영역을 정해서 나누어 주며, 국내와 국제 전파를 감시해 불법 무선국은 없는지 단속해요. 또한 방송 사업자가 법규를 어기지 않는지 조사하지요.

전국 구석구석을 네트워크로 연결해요

 우리나라는 인터넷이 엄청나게 빠르고, 발달한 국가래.

 맞아! 유선 인터넷과 무선 인터넷이 전국 곳곳을 연결하고 있지. 우리나라는 세계 최고의 정보 통신 국가니까.

우리나라는 세계에서 인터넷과 모바일을 가장 편리하게 사용할 수 있는 나라예요. 집집마다 컴퓨터가 있고, 대부분의 사람들이 스마트폰을 갖고 있어요.

미국이나 유럽 국가들 역시 컴퓨터와 스마트폰이 널리 보급되어 있지만 우리나라만큼 인터넷이 빠르고 편리하지는 않아요.

우리가 언제 어디서나 편하게 스마트폰으로 인터넷을 검색할 수 있는 것은 우리나라 구석구석이 네트워크로 연결되어 있기 때문이에요.

인터넷 선과 무선 인터넷을 이용해 전국을 촘촘히 연결하고, 통할 수 있도록 만드는 것 역시 과학기술정보통신부의 중요한 역할이에요.

편지와 전화를 관리한다고요?

 편지나 전화 같은 것도 정부에서 관리하는 거니?

 당연하지. 예전에는 편지나 전화가 아주 중요했거든.

편지나 유선 전화는 사람들이 100년 이상 정보를 교환하는 중요한 수단이었어요. 스마트폰이나 인터넷을 통해 실시간으로 소통하게 되면서 지금은 사용하는 사람이 많이 줄었지만, 옛날만 해도 멀리 떨어진 사람에게 소식을 전하는 것은 쉬운 일이 아니었어요.

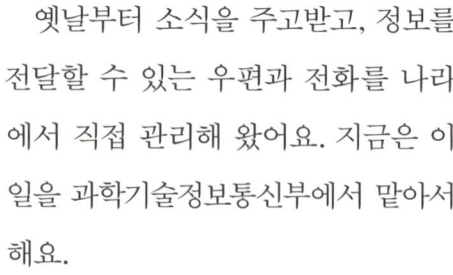

옛날부터 소식을 주고받고, 정보를 전달할 수 있는 우편과 전화를 나라에서 직접 관리해 왔어요. 지금은 이 일을 과학기술정보통신부에서 맡아서 해요.

편지와 전화 사업을 관리하는 것은 원래 과학기술정보통신부의 가장 중요한 일이었어요. 1990년대 초반까지만 해도 부서 이름이 체신부였지요. 체신은 우편이나 전보, 전신 같은 통신 수단을 뜻하는 말이에요.

이후 컴퓨터와 인터넷의 중요성이 커지면서 명칭이 정보통신부로 바뀌었다가 2017년에 과학기술정보통신부가 되었어요.

과학기술정보통신부 뉴스

새로운 과학 기술을 교육해요

과학기술정보통신부에서는 새로운 기술이 널리 이용되게 하기 위해 다양한 교육을 지원해요.

예를 들어 4차 산업의 새로운 아이템으로 등장한 가상 현실이나 증강 현실 같은 것을 만드는 방법과 사용하는 방법 등을 무료로 교육해 주는 거예요.

과학기술정보통신부에서는 이런 교육 서비스를 지원하기 위해 강사를 교육하고, 학교로 강사를 파견하기도 해요.

외국에 있어도 정부가 지켜 준대요

네 번째

외국과 교류하는 외교부

외교 정책을 세워요

 외교부에선 나라와 나라끼리 만나 협상할 때 필요한 정책을 만드는 일을 한대.

 맞아, 우리나라가 다른 나라와 외교 문제가 생기면 어떻게 해결할 것인지 고민하고 대처하는 곳이지.

세계에는 200개가 넘는 나라가 있어요. 각 나라들은 국민들이 더 잘 살 수 있도록 자기 나라에 맞는 여러 가지 방법을 연구해요. 국제 사회에서 다른 국가들과 어떻게 지낼 것인지 정하는 것을 외교 정책이라고 해요. 외교부는 우리나라의 외교 정책을 세우고, 그 정책을 실행하는 일뿐 아니라 국제 협정과 문화 협력, 해외 동포 보호 및 지원 등 다양한 일을 맡고 있어요.

우리나라는 다른 나라와 다르게 남한과 북한으로 나뉘어 있어요. 북한에서 핵무기를 개발하면서 국제 사회의 관심이 한반도에 집중되고 있어요. 북한의 핵무기 개발은 우리나라에도 중요한 문제예요. 외교부는 북한에 대한 우리나라의 외교 원칙을 세우고, 우리나라 주변 국가들과 함께 우리가 정한 외교 원칙을 실행시키기 위해 노력해요.

세계에 우리나라 문화를 알려요

 한류가 세계 멀리까지 퍼져 나갈 수 있었던 것도 외교부의 노력 덕분이래.

 문자가 없는 인도네시아의 소수 민족 찌아찌아족은 한글을 자기 부족 문자로 받아들여 사용하고 있어. 이것 역시 외교부의 홍보와 노력 덕분이지.

남미의 멕시코나 아르헨티나는 지구에서 대한민국과 가장 먼 곳 중 하나예요. 그런데 그곳의 청소년들이 우리나라 아이돌 가수의 노래를 부르고 춤을 따라해요. 유튜브나 인터넷을 통해 우리나라 가수가 알려졌기 때문이지요.

외교부는 세계에 대한민국을 알리는 일을 해요. 아이돌 가수의 노래와 춤, 한국 드라마, 김치나 비빔밥 같은 우리 문화를 알리기 위해 노력하고 있어요. 아이돌 가수의 춤 따라 하기 경연 대회를 지원한다거나 김치 전시회 등을 기획하기도 해요.

국가나 사회 구성원이 두루 주체가 되어 자기 나라의 역사, 전통, 문화, 예술, 가치, 정책, 비전 등을 다른 나라 사람들에게 널리 알리는 것을 공공 외교라고 해요.

최근 우리나라 아이돌이 미국 빌보드 차트에서 1위를 하는 등 세계적으로 큰 인기를 끄는 일이 있었어요. 이런 경우엔 아이돌 그룹이 우리나라를 널리 알린 공공 외교관이 된 것이지요.

외국과의 경제 활동을 어떻게 할지 원칙을 정해요

다른 나라에서 우리나라에 불리한 무역 협상을 하려고 한다거나, 자기네 나라 물건을 싼값에 팔고 우리나라 물건에는 비싼 값을 매기려 하면 외교부가 나서서 해결해.

다른 나라와의 수출과 수입 등 대외 경제 관련 외교 정책을 세우는 것도 외교부의 몫이거든.

현대에는 세계 국가들이 마치 한 나라 안에서 거래하듯 서로 다양하게 경제적으로 연결되어 있어요. 나라 안에서 물건을 많이 만드는 국가는 외국으로 물건을 수출하기 위해 노력하고, 기술이 부족한 나라는 외

국의 선진 기술을 들여오려고 애써요.

우리나라는 기술력이 발전하면서 좋은 물건과 기술을 많이 갖고 있어요. 자국 상품을 세계에 수출하기 위해 외국과의 경제 교류를 늘리려고 애쓰는 나라에 속하지요. 그래서 외국과 경제 교류를 어떻게 할 것인지 정책을 만드는 것은 아주 중요한 일이에요.

외교부는 해외 대사관이나 영사관, 기업들을 통해 해외 경제에 대한 정보를 모을 수 있어요. 여러 가지 정보를 바탕으로 경제 원칙을 세우고, 산업통상자원부를 지원하여 해외 수출을 늘리도록 돕고 있어요.

나라를 대표해요

우리나라는 여러 나라와 외교 관계를 맺고 그 나라의 수도에 대사관을 만들었지.

다른 나라에 있는 대사관은 우리나라의 얼굴이라고 할 수 있어.

전 세계에는 약 200개가 넘는 나라가 있어요. 우리나라는 그중 191개국(2023년 2월 기준)과 수교를 맺고 있어요. 수교는 두 나라가 서로 문화, 경제적으로 교류하겠다고 약속하는 것이에요.

수교를 맺은 나라들은 각자 대표자를 정해 연락해요. 외교부가 맡고 있는 가장 중요한 일 중 하나라고 볼 수 있어요. 외교부에서는 좀 더 빠르고 원활하게 의견을 교환하고 일을 추진할 수 있도록 각 나라에 대표 사무소, 즉 대사관을 둬요. 대사관은 대한민국을 대표하는 작은 정부

역할을 하지요.

　외교부에서는 그 나라에 대해 잘 아는 적임자를 선택해 대사를 보내요. 미국이나 중국 등 교류 내용이 많거나 지역이 넓은 나라에는 지역별로 영사관을 두기도 해요.

나라 밖 국민을 보호해요

 우리나라 사람이 해외로 나가면 가장 먼저 외교부에서 보내는 안내 문자를 받게 돼.

 그 나라에서 조심해야 할 것은 무엇인지, 긴급 상황일 때는 어디로 연락해야 하는지 등을 안내하는 내용이지.

　얼마나 많은 한국 사람들이 외국에 나가 있을까요? 2021년 기준 약 730만 명의 사람들이 해외에 살고 있어요. 해외여행을 떠나는 사람도 코로나바이러스감염증-19 같은 전염병 발생 이전에는 1년에 약 2800만 명 정도 되었어요.

　프랑스 파리를 여행하다 테러가 발생한다거나 발리에서 폭풍우를 만난다면 우리는 어떻게 해야 할까요?

　나라 안에서는 위험한 상황이 생겼을 때 경찰이나 119에 도움을 요청할 수

있어요. 그러나 나라 밖에서는 외교부의 도움을 받을 수 있어요.

각 나라에 있는 대사관을 통해 사고가 일어난 곳에 우리 국민이 있는지 확인하고, 대피시키거나 국내로 무사히 돌아올 수 있도록 힘써요. 외국에서 폭동이나 전쟁 같은 큰일이 일어났을 때는 특별 수송기를 띄워 우리 국민을 대피시키기도 해요.

국제 정세를 아는 일은 왜 중요할까요?

세계는 점점 한 나라처럼 변하고 있어요. 비행기를 타면 어디든 하루 이틀이면 갈 수 있고, 인터넷을 통해 지구 반대편에 있는 사람과 실시간으로 소통할 수도 있어요.

옛날에는 외국에서 일어난 일이 우리나라에까지 영향을 미치려면 몇 달씩 걸렸어요. 하지만 요즘은 몇 시간이면 우리나라 주식 시장이 출렁이고, 불매 운동이 일어나기도 해요.

그만큼 외국의 경제 상황이나 국제 정세를 아는 것이 중요해졌어요. 외교부는 다른 나라의 정치 상황을 조사하고 분석하는 일을 해요. 정확하고 빠르게 정보를 알아보고, 이것을 외교 정책에 적용하기 위해서이지요.

새터민을 돌보고 지원해 준대요

다섯 번째

남북 평화 통일을 준비하는 통일부

통일을 준비해요

 우리나라는 세계에서 유일하게 두 나라로 분단된 나라야.

 우리는 통일을 준비해야 하는 막중한 임무를 가진 사람들인 셈이지.

제2차 세계대전이 끝난 후 연합군이 들어오면서 독일과 우리나라는 두 개의 지역으로 나뉘었어요. 그러다가 1990년 독일이 통일된 이후 우리나라만 분단국으로 남아 있어요. 통일을 이룬 독일은 이후 세계적인 강국으로 발돋움하였어요. 독일은 성공적인 통일을 위해 약 20여 년의 긴 시간 동안 통일을 준비했다고 해요. 우리나라에도 통일을 준비하는 국가 기관이 있어요. 바로 통일부예요.

통일부는 통일에 대한 사람들의 생각을 모으거나 통일 정책을 알리는 일을 주로 해요. 통일을 원하는 사람들이 크게 늘면 그때는 적극적으로 통일을 위한 준비를 시작하게 될 거예요.

통일부는 북한에 대해 우리나라가 어떠한 생각을 갖고 정책을 펼칠 것인지 전체적으로 관리해요. 이를 위해 북한에 대한 정보를 모으고, 분석해서 나라의 생각을 결정하지요. 우리나라에서 북한에 대해 가장 많은 정보를 갖고 있는 곳이지요.

남북 회담을 진행해요

 북한이랑 우리나라는 서로 연락을 하지 않고 지내는 거야?

 공식적으로는 연락을 주고받을 수 없어. 하지만 남북 회담을 통해 나라의 크고 작은 일을 결정하기도 하고, 이산가족 문제라든지 여러 가지를 상의하기도 해.

남과 북은 현재 공식적으로 자유롭게 교류할 수 없는 상태예요. 나라의 허락 하에 스포츠를 비롯해 적십자나 문화 활동 등 정치, 경제가 아닌 부분에서 작은 교류가 이루어지고 있어요.

보통 남과 북의 교류는 남북 회담을 통해서 이루어져요. 판문점이나 남한도 북한도 아닌 제3의 장소에서 남과 북의 대표자들이 모여 공식적인 면담을 갖는 것이지요. 이때 통일부가 중심이 되어 남북 회담을 진행해요.

남북 회담에서는 개성공단이나 식량 지원 같은 경제 문제를 비롯해 문화, 예술 교류까지 다양한 주제를 다루어요.

새터민 친구를 지원해요

요즘 북한을 벗어나 우리나라에 정착하러 오는 사람들이 늘고 있대.

북한을 탈출해 대한민국에 온 사람들을 예전에는 탈북민이라고 불렀는데 요즘은 새터민이라고 불러.

북한은 우리나라와 경제 체제나 생활 방식이 많이 달라요. 김일성과 그 자손이 70년 넘게 독재하며, 공산주의 경제 체제지요. 그래서 자유주의 경제에 익숙하지 않은 북한 사람들이 우리나라 생활에 적응하려면 많은 시간이 필요해요.

통일부에서는 새터민을 위해 북한이탈주민지원재단을 운영하고 있어요. 안정적으로 국내 생활을 시작할 수 있도록 정착금을 비롯해 교육 및 취업 등 다양한 지원을 하고 있어요.

이산가족을 만나게 도와줘요

정부에서 이산가족들이 다시 만날 수 있도록 도와주고 있대!

헤어진 가족들의 소식을 수소문해서 알아봐 주기도 하고, 직접 만날 수 있는 자리를 마련해 주기도 한다지.

우리나라에는 6.25전쟁이 휴전하면서 강제로 남과 북을 가르는 휴전선이 생겼어요. 이후 북한에서는 남쪽으로 내려올 수 없고, 남쪽에서는 북쪽으로 올라갈 수 없게 되었어요.

전쟁 중에 가족들이 헤어져 남쪽과 북쪽에 갈라져 사는 사람도 생겨났어요. 맨 처음 휴전선이 생겼을 때, 사람들은 얼마 후면 휴전선이 사라질 거라 생각했어요. 하지만 60년이 훨씬 지난 지금까지도 휴전선이 그대로 남아 있어요.

가족이 남과 북으로 나뉘게 된 사람들은 오랫동안 가족을 만날 수 없었어요. 너무 많은 사람들이 가족을 애타게 그리워하자 국가 차원에서 남과 북에 떨어져 살고 있는 가족들을 만날 수 있도록 도와주기로 결정했어요. 1985년부터 지금까지 몇 차례 남북의 이산가족이 만날 수 있었지요.

통일부에서 신청을 받아 북한에 가족이 살아 있는지를 확인한 후, 남과 북의 가족이 만나게 도와주었어요. 하지만 가족을 만나지 못하고 먼저 세상을 떠난 고령자들이 많았다고 해요.

북한 주민의 인권을 생각해요

북한 사람들은 종교도 자유롭게 갖지 못하고, 공산당의 허락 없이는 여행도 마음대로 다닐 수 없다며? 우리나라에서는 상상도 할 수 없는 일들이야.

자유가 없는 독재 국가이다 보니 국민들이 인권을 침해받는 경우가 많대. 정부를 비판하거나 반대하는 목소리는 내지 못하지.

우리나라에서는 고통 받는 북한 주민들을 위해 국제인권위원회에 알리기도 하고, 북한 주민들을 돕기 위한 다양한 방법을 찾고 있어요.

통일부에서는 2016년부터 북한인권기록센터를 운영하고 있어요. 북한에서 탈출한 많은 사람들이 북한 주민들이 인권 침해를 당하고 있다고 말했기 때문이지요. 예를 들면 강제 수용소, 정치범에 대한 수용소 형벌, 공개 처형 등이 있다고 해요.

통일부는 이러한 북한 주민들의 인권을 보호하는 데 도움을 주기 위해, 북한 주민들의 인권 상황에 대한 정보를 수집해 기록하고 있어요.

 **통일부 뉴스**

북한에 가려면 통일부의 허락을 받아야 해요

　북한은 우리나라와 가장 가까운 곳이지만, 함부로 갈 수 없는 곳이에요. 정부의 허락 없이 북한을 방문하는 것은 불법이에요. 문화 사절단이나 통일 사절단이 북한을 방문할 때도 통일부에 알리고 허락을 받아야 하지요.

　한반도 서쪽의 경의선과 동쪽의 동해선, 철도, 도로로 연결된 육로 등 북한으로 이동할 수 있는 모든 길은 통일부의 허락 없이 출입을 함부로 할 수 없어요.

　통일부는 북한에 오가는 모든 과정을 관리해요. 우리나라에서 개성에 공단을 만들었을 때에도 개성공단에 출입하는 사람들은 통일부에서 허가증을 받아야 했어요.

 아하! 그렇구나~.

여섯 번째

소년원에서 온 편지

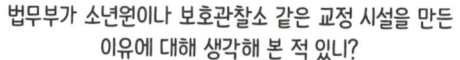

법과 관련된 일을 도맡아 하는 법무부

범죄 내용을 수사해요

 얼마 전에 텔레비전 뉴스에서 살인 사건의 용의자가 검찰청으로 끌려가는 장면을 봤어. 범죄를 저지르면 왜 검찰청으로 가서 조사를 받는 걸까?

 검찰은 전체적인 수사를 총괄해 범인들의 죄를 밝히는 곳이니까 그럴지.

    우리나라 뉴스에 가장 많이 등장하는 정부 건물은 어디일까요? 아마 국회 의사당과 검찰청일 거예요. 중요한 사건의 용의자를 검찰청 앞에서 보도하는 뉴스가 자주 등장하지요. 범죄 내용을 조사받기 위해 검찰청으로 이동하는 거예요.

검찰청은 법무부 내에서 범죄 수사를 맡고 있는 곳이에요. 경찰에서 범인을 체포해 검찰에 보내면, 검찰에서 전체적인 수사를 총괄해 죄를 밝히지요. 중앙의 대검찰청을 중심으로 서울, 수원, 대전, 대구, 부산, 광주에 고등 검찰청이 있으며, 그 관할 하에 18개의 지방 검찰청과 42개의 지청이 설치되어 있어요.

문화계 블랙리스트 사건이라든지 경제적으로 다른 사람에게 수백 억 원의 손실을 입힌 대형 경제 사기, 정치인의 뇌물 청탁 같은 중요한 사건들은 특별수사팀을 꾸려 별도로 운영하기도 해요.

공무원을 감시하고 부정부패를 막아요

얼마 전 유명한 사람의 딸이 이름 있는 대학에 부정 입학한 사실이 밝혀졌었잖아.

나도 그 사건이 뭔지 알아! 그 사건을 들은 사람들은 돈이 많은 사람, 권력을 가진 사람은 노력 없이 편하게 살 수 있는 세상이라며 크게 실망했지.

나라에서는 돈이 많고, 권력이 있으며, 다른 사람들에게 부러움과 존경을 받는 사회 지도층의 잘못을 집중적으로 단속하고 있어요. 그런 사람들이 나쁜 방법으로 더 많은 것을 얻으려 할 때 서민들이 마음에 더 깊은 상처를 받기 때문이에요.

권력이 있는 사람에게 돈이나 뇌물로 청탁하지는 않는지 감시하고, 죄를 저지른 사람에게 법이 너그럽지 못하도록 꼼꼼히 살피지요.

법무부는 엄격하고 공정한 법 집행과 감시를 통해 청렴한 사회를 만드는 것이 목표예요.

우리나라에 들어올 수 있는 출입증을 준다고요?

 얼마 전에 우리 동네에 살던 외국인들이 모조리 잡혀가는 일이 벌어졌어.

 출입 허가를 받지 않고 불법으로 들어와 살았기 때문에 추방당한 거라면서?

가끔 뉴스에 보면 우리나라에 몰래 들어오려다 들켜서 붙잡혀 가는 외국 사람들이 나오지요. 그 사람들은 출입국·외국인청에 신고하지 않은 사람들이에요. 외국 사람이 우리나라에 와서 머물 경우 먼저 신고를 해서 출입 허가를 받아야 하지요.

법무부 산하 행정 기관에 출입국·외국인청을 두어 입국과 출국하는 사람들에 대한 출·입국 심사, 국내

체류 중인 외국인 관리에 관한 업무를 봐요.

외국인뿐만 아니라 우리나라 국민이 외국에 나갔다 들어오는 것을 관리하는 곳도 법무부예요.

죄를 저지르고 외국으로 도망가려는 사람이 있을 때 법무부에서 출국 금지령을 내리면 나라 밖으로 나갈 수 없어요.

교도소에서 새 삶을 위해 교육을 받아요

법무부가 하는 큰일 가운데 하나가 교도소에서 지내는 수감자들을 교육하는 것이에요. 이러한 교육은 비록 죄를 짓고 갇혀 있는 사람들이지만 형량을 모두 채운 후 사회로 나갈 경우를 대비한 것이지요.

법무부 교정본부에서는 수감자들이 사회에 나갔을 때 더 이상 범죄를 저지르지 않도록 인성 교육을 하며, 학업을 포기하지 않게 교육 기회를 줘요. 또한 수감자들이 제대로 된 기술을 이용해 더 이상 나쁜 짓을 저지르지 않고 사회에 적응할 수 있도록 직업 교육도 하고 있지요.

이러한 교육을 통해 자격증을 따고, 기술을 익히는 수감자들이 많답니다.

일곱 번째

삼촌의 첫 휴가

나라를 지키는 국방부

우리 영토를 지켜요

 우리나라는 얼마 전까지만 하더라도 전쟁이 끝나지 않은 휴전 국가였대.

 북한과의 관계가 좋아져서 아예 전쟁을 끝내자는 종전 선언을 했지만, 아직 완전한 평화가 찾아온 건 아니야.

　남한과 북한 사이에는 북위 38도를 경계로 군사 분계선이 있어요. 다른 말로 38선 또는 휴전선이라고도 하지요. 남과 북은 서로 그 선을 넘지 않기로 약속했어요. 가끔 서해안의 38도 부근으로 북한 군사선이 내려오면 우리 해군도 무장한 군함을 보내어 경고 사격을 하거나 돌아가라는 방송을 보내요. 우리 땅을 침범하면 안 된다고 경고하는 행동이에요.

　제주도 부근에 중국의 군사 비행기가 나타나면 대한민국 공군 비행기가 출동해 경고를 보내지요. 우리나라 영토를 아무 통보 없이 들어오는 것은 군사적 위협이며 침략이라 보기 때문이에요.

　국방부의 가장 중요한 일은 다른 나라로부터 우리 땅을 보호하는 일이에요. 육군, 해군, 공군 등 지역적 특성에 맞게 구성된 군대가 출동해서 우리나라를 지키지요.

군인을 모집하고, 무기를 관리해요

 국방부에서 하는 일 중에 가장 중요한 일이 뭔지 알아? 군인을 모집하고, 대한민국의 전투 능력을 관리하는 거야.

 전투 능력을 관리한다는 게 어떤 거야?

군인을 모집하는 일은 국방부에서 담당해요. 우리나라 남자는 만 18세가 되면 군대에 가야 하기 때문에 만 18세가 넘는 남자 국민은 모두 군인 후보자라고 할 수 있어요.

국방부에서는 만 18세가 된 남자들에게 입영 통지서를 보내 육군, 해군, 공군으로 나누어 필요한 인원을 뽑아 부대에 배치해요. 지금은 군대를 가는 것이 국민의 의무지만 10년 후면 미국처럼 군대가 직업 중 하나가 될 수도 있다고 해요.

전투 능력은 전쟁터에서 전투를 수행하는 능력을 말해요. 국방부에서는 능력 있는 군인을 양성하고, 탱크와 미사일 등 무기를 어떻게 이용할지 계획을 세우지요.

군대의 장비와 탄약, 물자 등을 어떻게 구입해서 효과적으로 이용하는지에 따라 군대 전력이 크게 달라질 수 있어요. 더 강력한 무기를 확보하기 위해 국방부 산하의 국방과학연구소에서는 탱크나 미사일 등 새로운 무기를 개발해요.

사이버 전쟁에 대비해요

현대의 전쟁은 옛날과 많이 달라졌대. 미사일이나 폭탄을 터뜨리지 않고도 상대국을 큰 혼란에 빠뜨릴 수 있는 공격 무기가 생겨났다지 뭐야.

그걸 바로 사이버 공격이라고 하지!

요즘은 모든 시설이 컴퓨터, 인터넷과 연결되어 있어요. 그래서 국가의 중요한 시설이 사이버 공격을 당하게 되면 사회의 모든 기능이 마비될 수 있어요. 전기와 수도를 공급하는 곳이나 신호등 시스템이 공격당했다고 생각해 보세요. 사회는 큰 혼란에 빠질 수밖에 없겠지요.

중국을 비롯해 미국, 북한 등 많은 나라들이 사이버 전쟁을 대비해 사이버 군대를 키우고 있어요. 우리나라에서도 사이버 대응팀을 운영하고 있어요. 우리나라 주요 시설에 대한 사이버 공격이나 위협에 대응할 수 있는 기술과 시스템을 개발해 대비하는 것이지요.

군대에서도 인권은 중요해요!

유명한 정치인의 아들이 군대에서 후배 군인을 구타한 사건이 있었어요. 이 사실이 뉴스를 통해 알려지면서 정치인이 방송에서 국민들에게 사과해야 했어요. 최근 들어 군대 안에서의 인권 침해가 중요한 문제로 떠오르고 있어요. 인권은 인간답게 살 권리를 말하지요.

그동안 군대가 개인보다는 조직이 우선이고, 명령에 따라 움직이는 조직이라는 특성 때문에 군대 내의 문제가 바깥으로 드러나지 않았어요. 하지만 '군인의 지위 및 복무에 관한 기본법'이 제정되면서 가혹 행위에 대한 신고 의무와, 군 인권 보호관을 만들어 군인의 기본권 침해에 대한 구제를 돕고 있어요. 이제 군대라고 해서 부하 병사에게 함부로 행동하는 것은 더 이상 허용되지 않는 시대가 되었어요.

여덟 번째 # 동호마을의 환호성

우리나라의 자긍심을 높이는
문화체육관광부

관광객을 한국으로 초대해요

 엄마랑 명동에 갔었는데 주변에 중국인들이 너무 많아서 깜짝 놀랐어.

 나도! 우리말은 거의 들리지 않고, 중국 말만 들려서 중국에 온 것이 아닌가 하는 생각이 들었다니까.

우리나라 최고의 관광지로 손꼽히는 제주도를 여행하다 보면 중국인 외에도 일본, 미국 등 세계 여러 곳에서 찾아온 여행객들을 볼 수 있어요.

전 세계 어디든 편하게 갈 수 있는 비행기 노선이 생기면서 많은 사람들이 다른 나라를 여행해요. 그래서 나라마다 자기 나라로 여행 오라고 알리는 일을 열심히 하지요.

우리나라의 홍보 대사는 문화체육관광부가 맡고 있어요. 세계에 우리나라가 얼마나 좋은 곳인지 알리는 일을 하지요. 누구나 한국에 쉽게 여행 올 수 있도록 비자 조건도 풀어 주고, 지원도 해 주고 있어요.

국제 관광이 회복되면서 2023년부터 2024년까지 '한국 방문의 해' 캠페인을 다시 시작했어요. 2010년 1차 한국 방문의 해 캠페인을 통해 3년 동안 약 1천만 명의 외국인이 한국을 방문했지요.

표절이라 방송에 나올 수 없다고요?

 수민이가 좋아하는 아이돌 그룹의 노래가 외국 노래를 베껴서 방송에 나오지 못한다지 뭐야.

 아하, 그래서 수민이가 하루 종일 우울한 표정을 하고 있었던 거로구나.

우리나라에서는 남의 노래를 함부로 표절하면 방송을 하지 못하도록 해요. 표절이란 시나 글, 노래를 지을 때에 다른 사람의 작품 일부를 몰래 따다 쓰는 것을 말해요.

2000년대 이후 우리나라의 드라마나 노래가 세계에서 큰 인기를 끌고 있어요. 한국의 콘텐츠가 인기가 높아지면서 정부에서는 적극적으로 창작자들을 보호하기 시작했지요. 창작자들의 저작권이 침해받지 않도록 세밀한 기준도 마련하고, 피해를 보상할 원칙도 마련하였어요.

이러한 일은 우리나라 문화에 대한 정책을 이끄는 문화체육관광부에서 해요.

저작권법이 없던 시절에는 외국 노래나 방송을 표절하는 일이 흔한 일이었지만, 지금은 엄격하게 관리해요. 그래야 우리나라 콘텐츠와 창작자들을 지킬 수 있으니까요.

한류 열풍을 타고 방송, 노래, 요리, 영화, 게임 등 다양한 분야의 콘텐츠를 세계에 잘 알리는 것도 문화체육관광부가 하는 일 중 하나예요.

문화재를 보호해요

 우리나라는 5000년의 역사를 가진 민족이야.

 덕분에 조상들이 남긴 소중한 유물이 많이 남아 있지.

나라에서는 조상들의 흔적이나 유물을 국가의 보물로 지정해 후대에 잘 물려줄 수 있도록 관리하고 있어요. 문화재는 옛날 건물이나 석탑, 도자기 등 손에 만져지는 것만 있는 것이 아니에요.

옛날부터 동네에 내려오던 집단 군무나 노래, 행사 등이 모두 포함돼요. 경치가 아름다운 곳이나 특별한 형태의 나무도 문화재에 지정될 수 있어요. 과거부터 현재까지 우리 땅에서 우리 민족이 즐기고 보았던 모든 것이 문화재 대상이 될 수 있는 거예요.

문화체육관광부에서는 중요한 문화재를 지정 문화재로 등록하고 문화재청에서 관리해요. 숭례문(남대문)은 국보 1호, 흥인지문(동대문)은 보물 1호로 지정되어 있어요.

그럼 문화재 지정 번호가 중요한 순서를 나타내는 것이냐고요? 그렇지는 않고, 지정 순서에 따라 번호가 정해지는 거예요. 그런데 숭례문(남대문)이 국보 1호가 된 데는 안타까운 사연이 있어요. 일제 강점기 때 조선총독부가 조선에서 문화재 보존 법령을 제정하고 문화재를 지정했는데, 조선총독부 청사로부터 가까운 거리에 있는 순서로 지정 번호를 준 것이에요. 그 당시 식민지에서는 국보라는 말을 쓸 수 없다 하여 보물 1호였다가 광복 이후 1955년이 되어서야 국보가 되었지요.

방과 후 수업으로 태권도를 가르쳐 준다고요?

문화체육관광부에서는 스포츠와 관련된 다양한 정책을 세우고 관리하는 일을 해요. 그 일환으로 우리 고유의 무술인 태권도를 널리 알리는 한편, 국민들의 건강한 생활을 돕기 위해 방과 후 수업으로 태권도 교육을 지원하고 있답니다. 또한 태권도를 전 세계에 알리기 위해 세계 각국에 태권도 대회를 개최하고 교육 프로그램을 알리기도 해요.

아홉 번째 # 협상의 달인

나라 산업을 관장하는 산업통상자원부

원자력 에너지를 줄여요

 얼마 전에 뉴스를 보니까, 산업통상자원부에서 원자력 에너지 사용량을 점점 줄여 나가겠다고 하더라.

 국가의 에너지 정책을 결정하는 곳이 바로 산업통상자원부거든!

2011년 일본에서는 규모 9.0의 엄청난 지진이 일어났어요. 지진으로 건물이 무너지고 쓰나미가 몰려와 많은 피해를 입었지요. 게다가 후쿠시마에 있는 원자력 발전소에서 방사능 사고까지 함께 터지면서 아직까지도 많은 문제를 낳고 있어요. 2017년 우리나라 포항에서도 규모 5.0의 지진이 일어났어요. 포항과 가까운 지역에는 여러 개의 원자력 발전소가 있지요. 정부에서는 이런 위험 때문에 오래된 원자력 발전소를 해체하고 새로운 원자력 발전소를 짓지 않으려 해요.

우리나라에서 만드는 에너지 대부분은 원자력과 석탄에서 나와요. 그중에서도 원자력은 전체 에너지의 30퍼센트를 차지할 정도로 중요한 에너지원이에요.

우리나라 에너지 정책을 책임지는 곳은 산업통상자원부예요. 우리나라 에너지 정책의 중요한 원칙은 원자력 에너지와 석유, 석탄 에너지를

 벗어나 재생 에너지를 키우는 것이에요. 독일이나 프랑스 등 이미 많은 나라에서 원자력 에너지 생산을 점차 줄여 가고 있어요. 또 석유나 석탄 같은 화석 연료 사용도 줄여 나갈 예정이라고 해요. 이러한 에너지들 때문에 지구 온난화가 점점 더 심해지기 때문이지요.

 2021년 기준, 우리나라는 총 24개의 원자력 발전소를 운영하고 있어요. 신고리 3호기와 4호기는 완성되어 2019년부터 본격적으로 가동하기 시작했어요. 2017년부터 공사가 중단되었던 신한울 원전 3호기와 4호기 건설은 2023년 5월부터 다시 시작되었어요. 우리나라 최초의 원자력 발전소인 고리원자력발전소는 1978년에 완성되어 운전을 시작했지만, 너무 오래되어 안전하지 않다는 이유로 2017년에 영구 정지됐어요. 이처럼 앞으로 오래되어 고장이 잦은 원자력 발전소는 폐쇄할 예정이에요. 또한, 안전하고 친환경적인 신재생 에너지를 공급하려고 해요.

특허를 관리해요

 현지야! 내가 엄청난 기술을 개발했어! 이걸 다른 사람이 똑같이 따라 하면 어떡하지?

 특허청에 가서 특허 기술부터 신청하자!

삼성의 갤럭시폰과 애플의 아이폰은 새로운 모델이 나올 때마다 서로 자신의 기술을 베꼈다며 특허권 침해를 주장했어요. 미국 법원에서는 삼성과 애플의 특허 분쟁에 관한 재판이 여러 번 있었어요. 재판에서 삼성이 애플의 특허를 침해했다는 판결이 내려졌어요. 삼성은 지지 않고 자신들의 특허를 증거로 반대 소송을 냈지요.

그런데 삼성이나 애플이 주장하는 기술에 특허가 있는지 어떻게 아는 걸까요?

특허는 남들이 생각하지 못한 새로운 것을 발명했을 때 주는 특별한 허가예요. 발명된 기술을 누군가에게 그 사람 것이라고 인정해 준 권리를 특허권이라 하지요.

산업통상자원부의 소속 기관인 특허청에서 특허권을 관리해요. 새로운 것을 발명한 사람은 새로운 기술에 대해 특허청에 특허권을 신청할 수 있어요. 특허청에서는 이에 대해 새로운 기술인지, 이미 다른 사람이 특허를 진행 중인지 등 기술에 대해 깐깐히 따져 보고 분석하지요.

검증이 완료되면 특허청에서 특허권을 내줘요. 특허권이 나온 후 20년 동안 특허에 대한 권리를 보장받을 수 있어요.

모든 물건에 표준이 있다고요?

 콘센트 전압이나 형광등의 밝기, 제품의 규격 같은 것들이 통일되지 않고 제각각이라면 어떻게 될까?

 어떤 제품은 110볼트에서만 사용할 수 있고, 어떤 제품은 220볼트에서만 사용할 수 있고, 어떤 건 크고, 어떤 건 작고 뒤죽박죽 엉망이 되겠지!!

집집마다 가전제품의 플러그를 꽂을 수 있는 콘센트가 있어요. 둥근 모양에 가운데 동그란 구멍이 두 개 파여 있어 돼지 코처럼 생겼지요.

우리나라의 콘센트는 모양도 크기도, 흐르는 전기량도 모두 같아요. 우리나라에서 만든 어떤 가전제품을 연결해도 제대로 작동하도록 말이에요.

모든 집의 콘센트가 똑같은 것은 정해진 기준에 맞추어 만들었기 때문이에요. 제품별 기준은 산업통상자원부의 소속 기관인 국가기술표준원에서 만들어요. 정해진 기준에 맞추어 잘 만들어진 제품에는 나라에서 인정한다는 의미의 도장을 찍어 주지요.

이렇게 물건에 대해 국가 표준을 만드는 것은 생활할 때 정확하고 편리하게 사용하기 위해서예요. 형광등을 만드는 회사들이 모두 제각각

만든다고 생각해 보세요. 형광등 하나 살 때에도 미리 알아보아야 할 사항이 너무 많아 번거로울 거예요.

또 대부분의 국가 표준은 세계 표준을 따르기 때문에 우리나라 제품을 외국에 나가서도 쉽게 쓸 수 있다는 장점이 있어요.

전기 자동차 보급에 힘써요

우리 아파트에 전기 자동차 충전기가 생겼어.

나도 봤어. 그런데 전기 자동차는 어떤 점이 좋은 걸까?

산업통상자원부에서는 최근 전기 자동차를 상용화하기 위해 다양한 정책을 펼치고 있어요. 전기 자동차를 사는 사람들에게 세금을 감면해 주고, 전기 자동차 충전기를 아파트 단지나 관공서에 마련해서 사용하는 데 불편함이 없도록 하지요.

아직 전기 자동차는 일반 자동차만큼 인지도가 높은 편이 아니에요. 그래서 전기 자동차를 사용하면 어떤 점이 좋은지, 어떻게 에너지를 절감시킬 수 있는지 등에 대한 홍보도 맡고 있어요.

산업통상자원부에서 이런 일을 하는 것은 에너지를 관리하는 일 역시 이 부서의 역할이기 때문이랍니다.

산업통상자원부 뉴스

산업통상자원부가 추진하는 친환경 에너지 타운

최근 우리나라에는 태양열 발전을 이용한 시설이 많이 들어서고 있어요. 또 친환경 에너지 타운이라는 곳도 개발되고 있어요. 친환경 에너지 타운은 환경 오염이 없는 에너지를 이용한 마을이란 뜻이에요.

친환경 에너지 타운은 하수 처리장, 쓰레기 매립장과 같은 사람들이 싫어하거나 피하는 시설의 땅을 활용하여 바이오가스, 태양광과 같은 재생 에너지를 생산·판매하는 곳이랍니다. 바이오가스란, 미생물을 이용하여 만든 연료 대신 사용할 수 있는 가스를 말해요.

쓰레기 매립장 같은 기피 시설을 허락해 준 마을 주민들에겐 주거 환경을 개선해 주고, 동시에 소득도 올려 주는 것이지요.

이러한 정책을 관리하는 곳 역시 산업통상자원부랍니다.

아하! 그렇구나~

 열 번째

아기가 된 할머니

국민의 생명을 지키고 관리하는 **보건복지부**

의료비 부담을 덜어 주고, 국민의 건강을 지켜요

 얼마 전에 옆집 할아버지가 병원에 입원하셨어. 그 할아버지는 자식도 없이 혼자 사는 분인데 걱정이야.

 걱정하지 마, 우리나라는 의료 보험 정책이 아주 잘 되어 있으니까.

국가는 국민이 행복한 삶을 살 수 있도록 도와줘야 할 의무가 있어요. 우리나라에서는 국민연금이나 의료 보험 제도, 문화 지원 같은 다양한 제도를 통해 개인 생활을 돌보고 있어요. 보건복지부에서 이와 같은 국민 복지 활동을 담당해요.

보험이 혹시 모를 사고에 대비하는 것처럼 국민건강보험 역시 우연히 걸리게 될 질병과 갑작스런 사고와 부상 등에 대비하여 평소에 보험금을 거둬들이고, 사고가 났을 경우 싼값으로 병원 진료를 받게 해 준답니다.

또, 국민건강보험에서는 국민들을 위해 무료 건강 검진도 실시하고, 값

비싼 의약품을 보험 처리해서 좀 더 싸게 구입할 수 있도록 도와주지요.

현재 우리나라의 건강보험료는 나라가 관리하기 때문에 싼 편이에요. 그런데 이것을 민영화하자는 목소리가 나오고 있어요. 의료 민영화가 되면 환자들은 돈을 많이 내겠지만, 보다 질 좋은 서비스를 보장받게 된다고 주장해요. 하지만 그럴 경우 가난한 환자들은 제대로 치료 받지 못하게 될 거예요. 그러다 보면 누구는 병에 걸렸을 때 큰 혜택을 받고, 누구는 혜택을 받지 못하는 일이 벌어질 수도 있어요.

전국에 전염병이 퍼지면 어떡하지요?

코로나19 바이러스에 감염되는 사람이 많아서 걱정이야.

우리나라뿐 아니라 전 세계적으로 감염자 수가 늘어 결국 세계보건기구에서 팬데믹 선언까지 했지.

2019년 12월에 중국 우한에서 이제까지 없었던 새로운 호흡기 질환이 생겼어요. 감기처럼 열이 나고 기침과 목의 통증, 폐렴을 일으키는 병이에요. 전염력이 매우 강해 석 달도 안 되어 전 세계적으로 감염이 번져 세계보건기구(WHO)에서 팬데믹(세계적 유행) 선언까지 했었지요. 다행히 3년 4개월 만에 코로나19 엔데믹이 선언되어 코로나19로 인한 격리가 해제되었어요.

이처럼 코로나바이러스감염증-19 같은 국민을 감염시키는 전염병이 발생하면 질병관리청에서 대책 본부를 만들어 전염병을 막아요. 질병관

리청은 보건복지부 소속의 중앙행정기관이랍니다. 질병관리청에서는 전국에 퍼져 있는 환자를 파악하고, 그 환자가 누구와 만났는지 알아내 더는 감염이 일어나지 않도록 환자를 격리시키지요. 또 지정된 병원에서 치료를 받도록 도와주고, 예방하는 방법을 알려 주기도 해요. 질병관리청은 원래 질병관리본부였는데, 2020년 9월 12일에 청으로 승격되었지요.

아기 키우는 돈을 나라가 준다고요?

 우리나라는 세계에서 출산율이 가장 낮은 나라래.

 큰일이야. 지금 태어나는 아이들이 어른이 되었을 때에는 인구가 많이 줄어들어 있을 거래.

정부에서 아이를 많이 태어나게 할 것인지, 좀 더 적게 태어나게 할 것인지 정하는 것을 출산 정책이라고 해요. 우리나라의 출산 정책은 보건복지부에서 세우고 있어요. 인구가 빠르게 늘었던 1970년대에는 둘만 낳아 잘 키우자는 정책을 펼쳤지요.

요즘은 아이를 많이 낳을수록 더 많은 혜택을 주고 있어요. 아기를 잘 키울 수 있도록 양육 수당을 지급하기도 하고, 적은 비용으로 어린이집을 이용할 수 있도록 돕기도 해요.

갈수록 심각해지는 인구 감소를 막기 위한 정책의 일환으로 2020년부터 만 7세 미만의 모든 아이들이 양육 수당을 받을 수 있어요. 또, 모자보건법의 확대로 아이를 임신한 엄마라면 누구나 병원비를 지원받을 수 있고, 아이를 갖지 못한 여성이라 할지라도 임신을 위해 쓴 병원비를 지원받을 수 있답니다.

보건복지부 뉴스

장애인을 위한 여러 가지 정책들

보건복지부에서는 장애인을 위한 여러 가지 정책을 펼치고 있어요. 우선 장애인들이 사회에 잘 적응하도록 재활 프로그램과 취업 교육 등을 실시하고 있지요. 또한 장애인 등록증 및 복지카드를 등록하게 하여 다양한 세제 혜택뿐 아니라 교통비와 통신비 등 할인 혜택을 주고 있어요. 그 밖에 장애인 연금 및 수당을 지급함으로써 혼자 힘으로 살아가기 어려운 장애인들을 돕고 있어요.

미세먼지 때문에 체험 학습이 취소되었어요!

열한 번째

깨끗한 나라로 지켜 주는 환경부

황사와 미세먼지를 막아요

바람을 타고 넘어오는 미세먼지나 황사까지 막아야 한다니, 왜 그런 거야?

공기를 오염시키고 사람들에게 피해를 주니까 그렇지!

옛날부터 봄이 되면 중국에서 한두 차례 황사 바람이 불어오곤 했어요. 최근에는 중국의 경제 개발이 본격화되면서 황사에 매연까지 함께 실려 오고 있어요. 중국에서 황사나 매연을 막기 위한 정책을 시행하지 않는다면 앞으로 우리나라의 봄 하늘은 점점 누렇고 뿌옇게 변할 수밖에 없어요.

이런 문제가 발생하면 우리나라에서는 환경 문제를 담당하는 환경부에서 출동해요. 중국의 환경 정책국에 미세먼지와 황사를 줄일 정책을 펼쳐 달라고 요청하지요. 특히 기후는 지구 환경으로부터 많은 영향을 받기 때문에 다른 나라들과 협력해서 풀어야 할 문제가 많아요.

우리나라 정부에서도 매연을 줄이기 위한 노력을 함께 펼쳐요. 미세먼지는 자동차 매연이나 공장, 발전소에서 뿜어져 나오는 나쁜 물질을 담고 있어요. 환경부에서는 미세먼지 비상저감조치를 실시해서 이러한

나쁜 물질을 내뿜는 회사에 공장 가동 시간을 조절하게 하고, 시민들에게는 자동차 운행을 줄이게 해요. 그 밖에 물을 뿌려 미세먼지가 날리지 않게 하는 등 다양한 정책을 펼친답니다.

물 환경을 깨끗이 만들어요

 환경부에서 물을 깨끗하게 만드는 일도 한다고?

 그래. 깨끗한 물이야말로 우리가 살아가는 데 반드시 필요한 것이니까.

 물을 깨끗하게 보존하고 관리하는 것은 환경부의 아주 중요한 일이에요. 1950년대까지만 해도 동네마다 우물이 있어 물을 길어다가 먹었어요. 요즘은 정수기로 물을 깨끗하게 걸러 먹거나 생수를 사서 먹는 사람들이 많아요. 강이나 호수, 우물이 오염되었기 때문이에요.

환경부에서는 북한강을 비롯해 낙동강, 금강, 영산강 등 4대강의 수질과 수생태계를 보호하고 관리해요. 또한 우리가 마시는 물을 깨끗하게 지키고, 사용한 물을 다시 깨끗하게 만드는 일을 맡아서 처리해요.

한반도의 자연 자원을 보존해요

 멸종 위기에 놓인 야생 동물을 보호하고, 사라져 가는 생물들을 지키는 일도 환경부에서 하는 일이라며?

 그래. 멸종 위기에 있는 반달곰을 복원시켜서 자연으로 돌려보내는 일을 하잖아.

2018년, 지리산에 반달곰 새끼들이 태어났어요. 지리산에서 태어나고 자란 어미 반달곰이 새끼를 낳은 것이에요. 20년 전만 해도 한반도 남쪽 산에서는 반달곰을 볼 수 없었어요.

지리산 반달곰은 환경부에서 추진한 종 복원 프로젝트 중 하나였어요. 종 복원 프로젝트란, 한반도에서 사라진 생물을 다시 살려 내기 위해 개체를 복원하거나 환경

을 만들어서 자연을 살리는 활동이에요. 환경부에서는 국립공원이나 생태공원처럼 동식물이 살기 좋은 장소를 만들고 보존해서 다양한 생물이 살아갈 수 있도록 만들고 있어요.

폐자원의 재활용 원칙을 세워요

분리수거가 가능한 쓰레기는 수요일과 금요일에만 내놓으시오? 누가 이런 걸 마음대로 정하는 거지?

나라에서 정하는 거야. 쓰레기를 분리수거하고 폐자원을 재활용하는 것도 나라의 중요한 일이니까.

분리수거는 쓰레기를 버리는 것만큼 중요해요. 음료수 병과 캔도 분류하고, 피자 박스나 신문지도 따로 묶어서 내놓아야 해요. 비닐류도 투명 비닐과 색깔 있는 비닐을 따로 분리해야 해요. 그리고 모든 재활용품은 이물질을 제거하고 내용물을 깨끗이 비운 뒤 내놓아야 하지요.

하지만 모든 물건을 분리수거함에 내놓을 수는 없어요. 음료수 병은 재활용이 되지만 도자기는 분리수거함에 넣으면 안 돼요. 가방이나 옷은 헌옷 수거함에 넣을 수 있지만 헌 베개나 솜이불은 쓰레기봉투에 담아서 버려야 해요. 그것은 나중에 그 물건을 다시 이용할 수 있느냐 없느냐에 따라 달라져요. 이러한 원칙을 세우고 지키게 만드는 곳이 환경부예요.

환경부에서는 어떻게 하면 쓰레기 배출을 줄일 수 있을지, 어떠한 물건을 폐자원이나 재활용 물품으로 이용할 것인지 기준과 원칙을 만들어서 사람들에게 알려 줘요. 환경부에서 만든 기준에 따라 민간 사업자들이 폐자원과 재활용 사업을 펼칠 수 있지요.

일기 예보도 나라에서 하는 거라고요?

 일기 예보는 어디서 만들어?

 기상청에서 만들어. 기상청은 환경부에 속해 있는 국가 기관이야.

어린이들도 매일 아침 환경부에서 전해 주는 소식을 듣고 있어요. 바로 일기 예보예요.

기상청은 환경부에 속해 있는 국가 기관이에요. 기상청에서는 한반도 주변의 공기 흐름과 지구의 기온 변화, 땅속이나 바다의 움직임 등을 관찰해서 빠르고 정확한 날씨 정보를 알려 줘요. 또 지진이나 해일 등 자연 재해가 발생했을 때 사람들이 빨리 대피할 수 있도록 긴급 안내 문자를 보내 주지요.

환경부 뉴스

환경부는 지구 환경 변화 때문에 만들어졌어요

1900년대 이후 사람들의 생활은 급격히 변화했어요. 산업이 발전하면서 공장이 많아졌고, 자동차나 기차, 비행기 등 새로운 탈것들이 생겨났으며, 세제와 비닐 봉투도 만들어졌어요. 그러나 생활이 편리해진 만큼 자연환경은 파괴되기 시작했어요.

처음에는 이런 변화가 우리에게 어떤 안 좋은 영향을 끼칠지 알지 못했어요. 모든 나라들이 경제를 발전시키기 위해 나무를 베고, 숲을 없애 가며 공장을 지었어요.

그렇게 몇십 년이 흐른 후, 사람들은 무언가 잘못되어 가고 있다는 것을 깨달았어요. 지구 기온이 올라가 세계 곳곳에서 이상 기후가 나타났고, 숲에 살던 동식물이 세상에서 영원히 사라져 버렸어요.

그제야 사람들은 자연을 보호해야 한다며 여러 가지 정책을 만들고 활동을 펼치기 시작했어요. 그래서 국가마다 환경을 보호하고 관리할 부서를 만들었어요. 우리나라에도 1980년에 처음으로 환경청이 만들어졌으며, 1994년 환경부로 승격하였어요.

열두 번째

드디어 삼촌이 정규직이 된대요

일할 수 있도록 도와주는 고용노동부

일자리 정책을 세우고 노사 협력을 도와요

 고용노동부는 어떤 일을 하는 곳이지?

 열심히 일하는 사람들을 돕고, 보호하고, 회사나 기업으로 인해 피해를 보지 않도록 하는 곳이야.

성인이 되면 대부분의 사람들이 사회에 나가 직업을 갖고 일해요. 일을 통해 개인은 생활비를 벌고, 회사는 상품을 만들어요. 또한 나라는 회사와 개인에게 세금을 걷어 그 돈으로 나라를 운영해요.

일을 한다는 것은 나라를 움직이는 가장 근본적인 활동이라 할 수 있어요. 일을 해서 그 대가로 월급을 받고 살아가는 사람을 근로자라고 하고, 사업주를 고용인이라고 하지요.

근로자는 일을 적게 하고 월급을 많이 받고 싶어 할 거예요. 반대로 고용인은 돈은 적게 주고 일을 많이 시키고 싶어 할 거고요. 그래서 나라에서 근로자

들이 건강과 행복을 지키면서 일할 수 있도록 기준을 정해 놓았어요.

이러한 일은 모두 고용노동부가 담당해요. 회사와 개인이 서로 만족하면서 일할 수 있도록 양쪽의 의견을 조정하는 것도 고용노동부가 하는 일 중 하나예요. 또한 회사와 근로자들이 만족할 결정을 내리지 못할 때 고용노동부가 출동해 서로 의견을 들을 수 있도록 도와줘요.

일할 수 있도록 도와주고 직업도 찾아 줘요

갑자기 일자리를 잃게 되면 나라에서 몇 달 동안 월급을 대신 주기도 한대.

그럴 경우를 대비해서 고용 보험을 드는 거야. 갑작스러운 사고를 당하면 보험의 도움을 받듯이 고용 보험의 도움을 받는 거지.

일을 해서 돈을 버는 사람들은 일을 못 하게 되면 생활에 필요한 돈이 부족하게 돼요. 고용노동부는 사정이 있어서 일을 못 하게 되더라도 기초 생활을 할 수 있도록 여러 가지 지원 방법을 마련하고 있어요.

일을 못 하게 되었을 때 실업 급여를 주기도 하고, 배움 카드를 이용해 취업에 필요한 교육을 받을 수 있도록 도와주기도 해요. 또한 일자리를 찾는 사람과, 사람을 구하는 회사의 정보를 모아 두었다가 조건이 맞는 사람과 회사를 연결해 줘요.

그 밖에도 청소년이나 어린이들을 위해 교육부와 함께 '커리어넷'이라는 웹사이트를 운영하지요. 커리어넷에서는 다양한 직업과 미래에 바뀌게 될 직업 환경에 대한 정보를 볼 수 있어요.

노동자가 안전하게 일할 수 있도록 지켜 줘요

 근로자들의 안전을 지키는 것도 고용노동부가 하는 일이라고?

 근로자가 안전한 환경에서 일하고 있는지 감시하고 감독하는 것이 바로 정부가 하는 일이거든.

사람들이 일하는 장소는 매우 다양해요. 공항, 사무실, 공장, 건설 현장, 병원 등 각자 맡은 일에 따라 달라요. 고용노동부는 일과 관련된 많은 것을 감시하고 관리해요. 일하는 장소도 그중 하나지요. 고용노동부는 고용자들이 안전하게 일할 수 있도록 반드시 지켜야 할 원칙을 만들어 놓았어요.

위험한 약품이나 약물을 사용할 때는 특수한 보호복을 입어야 해요. 건물을 짓는 공사 현장에서는 높은 곳에서 발을 헛디뎌도 부상이 덜 하도록 아래쪽에 보호망을 설치해야 해요. 이렇게 안전하게 작업할 수 있는 환경과 장비를 갖추어야 사람들이 다치지 않고 일할 수 있어요.

고용노동부 뉴스

정해진 만큼은 꼭 줘야 하고, 여자라서 안 된다는 것은 NO!

얼마 전 대학에 들어간 완두의 사촌 형이 아르바이트를 해서 돈을 벌었다며 완두에게 용돈을 주었어요. 올해 최저 시급이 작년보다 올라서 월급이 조금 많아졌대요.

최저 시급은 한 시간 일했을 때 반드시 받아야 하는 기본임금이에요. 2022년에는 최저 시급이 9160원이었는데, 2023년 들어 9620원으로 올랐어요. 정해진 금액보다 낮게 주면 나라 법을 어기는 것이지요. 고용노동부에서는 사업체가 직원에게 임금을 정해진 만큼 꼭 주고 있는지 감시하고 있어요.

남자와 여자를 평등하게 채용하도록 만드는 것도 고용노동부가 하는 일이에요. 아직도 많은 곳에서 남자 직원이 일 시키기 좋다며 여자 직원을 뽑는 걸 꺼리는 경우가 있어요.

이렇듯 고용노동부는 남자와 여자 모두 공평하게 일할 수 있는 환경을 만들고, 일하는 곳에 불법과 차별은 없는지 감시해요.

아하! 그렇구나~.

열세 번째 # 쌍둥이의 꿈

여성, 가족, 청소년들을 위해 일하는
여성가족부

직장에서 여자라서 뽑지 않았다고요?

 요즘도 직장에서 남녀를 차별하는 일이 흔하게 있대.

 우리나라도 남녀 차별이 있는 나라구나.

　우리나라의 한 은행에서 직원으로 남자를 더 많이 뽑기 위해 남자들에게만 가산점을 주었다고 해요. 학교에서는 남자와 여자는 평등하다고 가르치는데 현실 사회는 그렇지 않은가 봐요.

　몇십 년 전만 해도 대부분의 사람들은 여자가 결혼하면 회사를 그만두는 것이 당연하다고 생각했어요. 가정에서 아이를 키우거나 살림을 하는 것이 여자들이 할 일이라는 편견이 있었기 때문이에요. 여자들의 사회 진출이 많아지면서 그러한 생각은 점점 사라졌지만 아직도 사회 곳곳에 남자가 일을 더 잘한다거나 일을 시키기 편하다는 편견이 남아 있어요.

　우리나라는 여성가족부를 두어 남성과 여성이 평등한 사회를 만들려고 해요. 회사에서 직원을 뽑을 때 남자와 여자를 차별하여 뽑는지, 여자라고 승진에 불이익을 받지는 않는지 감시하지요.

　직원을 뽑을 때 남자와 여자를 구별하거나 나이에 제한을 두는 것, 키나 몸무게 같은 외모를 평가 기준으로 사용하는 것은 모두 불법이에요. 여성가족부는 여자들이 평등하게 사회생활을 보장받을 수 있도록 도와주는 부서라고 할 수 있어요.

미투 운동을 함께해요

미투 운동은 미국에서 먼저 시작된 운동이래.

나도 들었어. 미투 운동 덕분에 남성에게 성폭력을 당했던 여성들이 자기 목소리를 낼 수 있게 되었잖아.

　미투(ME TOO)는 '나도 그랬어요'라는 뜻이에요. '나도 그런 경험이 있다'는 사실을 당당히 밝히는 의사 표시지요. 어떤 경험이냐고요?

　오랫동안 남성이 여성보다 더 많은 권력과 재력을 갖고 있었어요. 그래서 권력이나 돈이 없는 여자들에게 성적인 농담을 던지거나 성폭력을 행하는 것을 심각한 문제라고 생각하지 않았어요. 여자들은 오래전부터 힘들고 아팠지만, 두려움과 수치심 때문에 가해자에게 항의하지 못했지요.

그런데 2017년 미국의 한 여배우가 자신이 당했던 성추행을 당당히 공식 석상에서 밝혔어요. 그것도 아주 유명하고 영향력 있는 영화 제작자를 고발했지요. 이후 많은 사람들이 #ME TOO, #WITH YOU라는 해시태그를 쓰며 자신들의 아픈 상처를 드러내기 시작했어요. 그 일을 계기로 미투 운동은 전 세계로 퍼져 나갔지요.

우리나라에서도 미투 캠페인에 참여하며 많은 여성들이 그동안 감추어 두었던 아픈 상처를 폭로했어요. 미투 운동으로 여성들의 인권 문제를 다시 한 번 생각해 보게 되었지요.

여성가족부는 여성이나 아이, 청소년 등 사회적으로 약한 사람들을 위해 만들어진 부서예요. 미투 운동이 여자들만의 사회 운동으로 끝나지 않도록 여성가족부에서 여러 가지 지원을 하고 있어요.

성폭력이나 성희롱에 대해 법으로 어떻게 처벌하고 피해자를 보호할지, 신고 센터는 어떻게 운영할지, 예방 교육을 어떤 방법으로 진행할지 등 다양한 대책을 준비하고 있어요. 사회 각 분야에서 여성들이 인권을 보호받으며 안전하게 활동할 수 있는 환경을 만드는 것이 여성가족부의 목표예요.

나라에서 스마트폰 중독을 치료해 준다고요?

 엄마가 아이를 돌보고, 교육하는 데 필요한 것 역시 여성가족부에서 지원하지.

 아하! 그래서 스마트폰 중독이나 인터넷 중독 같은 것도 여성가족부에서 치료해 주는 거구나.

수민이는 9시만 넘으면 엄마와 스마트폰 쟁탈전을 벌여요. 엄마는 밤이 늦었으니 스마트폰 게임이나 친구들과의 채팅을 그만하라고 했어요. 수민이는 9시 이후에도 친구들과 카카오톡으로 얘기할 게 많아요.

수민이가 스마트폰 사용을 멈추지 못하자 엄마가 경고했어요. 하루에 1시간 이상 스마트폰을 사용하면 나라에서 운영하는 스마트폰 중독 치유 캠프에 보내겠다고요. 정말 나라에서 수민이 같은 어린이들의 스마트폰 중독을 치료해 주나요?

우리나라는 세계에서 스마트폰이 가장 많이 보급된 나라 중 하나예요. 초등학교 고학년만 되어도 반에서 절반은 스마트폰을 갖고 있어요. 하루 종일 스마트폰을 손에 들고 지내는 학생들도 많아요.

여성가족부는 여성의 권리와 이익을 대변하는 나라 부서지만 청소년과 아동을 보호하고 지원하는 부서이기도 해요.

여성가족부 안에 있는 청소년가족정책실에서는 청소년들에게 나쁜 영향을 주는 환경이나 요인들을 찾아내어 좋은 방향으로 바꾸는 일을 해요. 그중 한 가지가 인터넷과 스마트폰 중독을 막는 일이에요.

우리나라는 인터넷과 스마트폰이 많이 보급되면서 청소년 열 명 중 한 명은 중독 증상을 보인다고 해요. 인터넷에 연결되어 있지 않으면 불안하고, 스마트폰 없이 한순간도 보낼 수 없다면 중독인지 의심해 봐야 해요. 여성가족부에서는 중독 증상을 보이기 전에 미리 막을 수 있도록 청소년들에게 인터넷 중독 예방 교육을 실시하고 있어요.

이미 중독된 아이들을 위해서는 별도의 치유 센터를 운영하고 있어요. 혼자 힘으로 스마트폰 중독을 끊을 수 없다면 치유 센터를 방문하는 것도 좋은 방법이에요.

그 밖에도 여성가족부는 청소년들이 깨끗한 환경에서 공부할 수 있도록 유해 환경을 개선하는 일을 해요. 학교 인근에 불건전한 상점이 들어서지 못하도록 막는 것도 여성가족부의 몫이지요. 또, 가출 청소년들을 위해 쉼터를 운영하고 학교를 그만둔 청소년들을 위한 지원 프로그램도 운영하고 있어요.

여성가족부 뉴스

다문화 가정을 지원해요

여성가족부에서는 다문화 가정을 지원하고, 다문화 가정의 아이들이 우리나라 국민으로 부족함 없이 자랄 수 있도록 각종 정책을 펼치고 있어요.

예를 들어, 다문화 가정을 돕기 위해 이민자를 위한 한국어 교육 서비스라든지, 우리나라 문화를 익힐 수 있는 프로그램을 지원하는 일도 적극적으로 하고 있어요.

또, 다문화 가정의 아이들이 엄마나 아빠의 나라에 대해 제대로 알 수 있는 기회를 제공하고 다문화 가정을 위한 축제도 마련해 열고 있어요.

보람이네 새집

열네 번째

나라의 발전을 계획하는 국토교통부

나라가 골고루 발달하게 계획을 세워요

 우아, 여기가 바로 해남이로구나? 그런데 높은 빌딩이 하나도 없네.

 부산 해운대나 서울 삼성동 근처에는 고층 빌딩이 많은데……. 왜 이렇게 차이가 많이 나는 거지?

우리나라는 서울이나 부산, 대전 같은 대도시를 중심으로 발달해 있어 도시와 지방의 격차가 큰 편이에요. 대도시에는 높은 빌딩뿐 아니라 극장이나 서점, 박물관 같은 문화 시설도 많아요. 그래서 도시와 지방에 사는 사람이 누리는 문화 혜택에 차이가 나게 돼요.

나라에서는 지역에 상관없이 누구나 편리한 생활과 문화 혜택을 누릴 수 있도록 지원하려고 해요. 지방에 살아도 도시처럼 모든 것을 누릴 수 있고, 돈을 벌 수 있도록 말이에요.

국토교통부는 나라 전체의 발전을 고민해요. 2012년에 17번째 광역자치단체로 공식 출범한 세종특별자치시라든가, 도별 특화 사업 같은 것을 지원해서 지방이라도 도시처럼 발달된 곳을 만들려고 노력하지요.

전국을 이어 주는 길을 만들어요

 아빠가 그러는데 예전에는 서울에서 부산까지 가는 데 하루 종일 걸렸대.

 지금은 자동차로 4시간이면 가는 길이잖아. 옛날엔 왜 그렇게 오래 걸렸을까?

서울에서 부산까지 가려면 얼마나 걸릴까요?

차가 많지 않다면 자동차로는 약 4시간, 비행기로는 50분이면 갈 수 있어요. 짧은 시간 안에 어디든 빨리 갈 수 있는 것은 전국 곳곳을 이어 주는 다양한 길이 만들어졌기 때문이에요.

전국을 촘촘히 연결하는 고속 도로를 비롯해 비행기가 날아다니는 하늘길, 기차가 다니는 철도, 배가 가는 바닷길 등이 있어요. 전국 어디든 사람이 편하게 다닐 수 있는 길은 국토교통부에서 만들어요.

우리나라는 1970년에 처음으로 부산과 서울을 잇는 경부고속도로를 만들었어요. 지금은 세계에서 12번째로 고속 도로가 잘 갖추어진 나라로 발전했어요.

우리나라에서 땅값이 가장 비싼 곳이 명동이라고요?

 여기가 바로 명동이구나!

 명동에서 가장 비싼 땅값은 1제곱미터당 2억 원이나 된대!

　명동은 옛날부터 가장 번화한 거리로 알려졌어요. 또한 우리나라에서 땅값이 가장 높은 곳으로도 유명하지요. 명동 한가운데 있는 땅은 1제곱미터(m^2)당 2억 원이나 돼요. 그런데 사람들은 이곳이 가장 비싼 땅이라는 것을 어떻게 알고 있을까요?

　국토교통부에서 1년에 한 번씩 전국의 땅 중 각 지역의 대표 땅을 조사해서 발표해요. 국토교통부에서 발표하는 기준 땅값을 공시 지가라고 부르지요. 토지 거래할 때 내는 세금이나 상속세, 종합 토지세의 금액을 정할 때 기준으로 사용돼요.

　내 땅인데도 나라가 정해 준 땅값을 따라야 하나 의문이 생기지요? 실제 거래는 개인 간에 이루어지기 때문에 공시 지가를 맞출 필요는 없어요. 그래서 실제 거래와는 차이가 납니다. 정부는 공시 지가를 실제

거래 가격에 맞춰서 올리고 있어요.

　국토교통부에서 하는 일 중 가장 중요한 일은 집이 없는 서민들을 위해 임대 주택을 마련하고, 제공하는 것이에요. 국토교통부에서는 신혼부부나 아직 집을 살 만큼 돈을 많이 모으지 못한 청년들, 장애를 가진 사람들, 미혼모나 미혼부 등 사회 약자들에게 다양한 종류의 임대 주택을 제공하고 있어요.

국토교통부 뉴스

100원에 택시를 탈 수 있다고요?

　시골에 살고 계신 할머니가 우리 집에 오셨어요. 엄마는 기차역까지 너무 멀어서 힘드셨겠다고 말했어요. 할머니는 괜한 걱정을 했다며, 100원 택시를 타고 왔노라며 자랑하셨어요. 정말 할머니네 동네에는 100원 택시가 있는 걸까요?

　100원 택시는 국토교통부에서 지원하는 행복택시예요. 농촌은 버스나 지하철이 잘 갖추어져 있지 않아요. 더구나 주민 대부분이 어르신들이어서 자동차를 운전하는 사람도 많지 않고요. 나라에서는 교통이 발달하지 않은 지역의 어르신들이 편리하게 이동할 수 있도록 100원 행복택시를 운행해요. 전국 82개 군의 농촌 어르신들이 빠르고 편리하게 이용할 수 있는 새로운 교통수단이 생긴 것이라 할 수 있어요.

 열다섯 번째

우리 마을 효자는 불가사리

우리나라 바다를 지키는 **해양수산부**

우리 바다를 지켜요

 중국 어선들이 왜 우리나라까지 와서 물고기를 잡는 거지?

 우리나라의 어획량이 더 풍부하니까 그렇지. 불법으로 우리 바다를 넘보는 중국 어선을 막는 일도 해양수산부가 하는 일 중 하나야.

중국과 우리나라는 서해를 사이에 두고 아주 가까운 거리에 있어요. 바다 경계선도 가까워 우리 어선과 중국 어선이 자주 부딪칠 수밖에 없어요.

중국 어선이 우리 바다로 넘어오는 것은 불법이지만, 중국 어선들은 자주 우리 바다 쪽으로 넘어와요. 갯벌이 넓게 펼쳐진 서해 쪽에 먹이가 풍부해서 물고기들이 많기 때문이에요. 무엇보다 중국 어선들이 큰 물고기, 작은 물고기를 가리지 않고 마구잡이를 해서 큰 문제가 되고 있어요.

우리 어선들은 어장을 보호하기 위해 작은 물고기는 잡지 않고 놓아

주고, 물고기가 알을 낳는 시기에는 조업을 나가지 않아요. 하지만 중국 어선의 마구잡이 조업으로 요즘에는 물고기들이 많이 사라졌어요.

한밤중, 전라남도의 신안 앞바다에 있는 가거도 멀리에 불빛이 보이면 해양경찰청의 경비정이 출동해요. 해양경찰청은 해양수산부의 소속 기관이지요.

해양경찰청에서는 중국이나 일본의 어선이 넘어오지 못하도록 우리 바다를 지키고, 또 바다에서 배가 뒤집히거나 좌초되었을 때 사람들을 안전하게 구해 내기도 해요. 그 밖에 해양에 오염 사고가 발생했을 때 신속하게 방제하는 일도 해요. 동해, 서해, 남해를 비롯해 제주 등 지역마다 지역 해양경찰청이 따로 있어요. 사람들이 편하게 바다를 즐기고, 바닷길을 지나다닐 수 있도록 안전한 바다를 만드는 일을 책임져요.

작은 항구들이 신식 항구로 다시 태어난다고요?

 우리나라엔 아직 개발이 덜 된 어촌이 엄청나게 많아. 그런 마을은 배를 댈 수 있는 항만 시설조차 부족하대.

 걱정하지 마. 해양수산부에서 선진국형 항구를 가진 최신식 마을로 개발시켜 줄 테니까.

우리나라는 3면이 바다로 둘러싸여 있어 바다로 나가는 문이 300개가 넘어요. 부산항이나 인천항처럼 큰 대표 항구 몇 곳을 제외하면 작은 포구들이 대부분이에요. 그런데 머지않아 작은 항구들이 새로운 선진국형 항구로 변신할 듯해요. 도시나 농촌에 비해 발달이 늦은 어촌을 새롭게 바꾸는 정책이 시작되었거든요.

해양수산부에서 추진하는 '어촌 뉴딜 300' 정책은 가난하고 낙후된 어촌을 다른 도시나 농촌처럼 발달시키겠다는 계획이지요.

이 정책에 따라 300개의 작은 포구를 신식 항구로 개발할 예정이에요. 부산항이나 인천항 같은 큰 항구들은 세계의 큰 배들이 이용할 수 있는 메가포트로 개발된다고 해요.

또 해양수산부에서는 해양 생태계 보호구역을 설정해서 보호하고 관리하는 일도 해요. 보호가 필요한 어종이라든지, 훼손되면 복원이 어려운 구역을 법적으로 보호해야 할 구역으로 정한 다음 나라에서 앞장서 관리하지요. 이 구역에서는 낚시나 어업이 법적으로 금지되고, 배를 타고 들어오는 것도 안 된답니다.

해양 자원을 연구 개발해요

 불가사리는 먹을 수도 없고 골칫거리야.

 몰랐구나. 불가사리로 치료제를 만드는 실험에 성공했대!

해양수산부에서는 바다를 활용한 새로운 산업 발전에도 앞장서고 있어요. 해양 생물을 발굴하여 식량 자원뿐 아니라 의약품이나 생명공학 산업의 신소재 등에 쓸 수 있는지 연구하고 있지요.

최근 우리나라의 해양 과학자들은 불가사리를 이용해 칼슘제를 만드는 실험에 성공했어요. 불가사리는 식용으로 쓸 수 없는 데다가 엄청난 번식력 때문에 골칫거리예요. 그런 불가사리를 이용해 액체 비료, 친환경 제설제로 사용하는 등 다양한 연구를 하고 있어요.

 해양수산부 뉴스

바다에도 영토가 있어요

육지에 국경선이 있는 것처럼 바다에도 경계선이 있어요. 육지에서 200해리까지의 바다는 그 나라의 바다로 정해져 있어요.

해리는 바다 위나 공중에서 거리를 나타낼 때 쓰는 단위예요. 1해리는 1852미터에 해당해요. 200해리 안에서는 우리나라 사람만 경제 활동을 할 수 있기 때문에 다른 나라 배가 들어오는 것은 불법이에요. 200해리를 넘어선 바다는 공해여서 어느 나라 배든 편하게 다닐 수 있어요.

열여섯 번째 송화시장 사람들

소상공인을 돕는 중소벤처기업부

중소기업을 키워요

 얼마 전에 우리 사촌 형이 대기업에 취직했는데 사람들이 전부 부러워했어.

 우리 사촌 오빠는 중소기업에 들어갔지만 누구보다 당당하던걸? 사촌 오빠가 그러는데 대기업도 좋지만 중소기업에서 자기 꿈을 펼치는 것도 멋진 일이랬어.

우리나라가 저개발 국가였던 1960~1970년대에는 빨리 부자가 되는 것이 중요했어요. 그래서 나라에서는 큰 기업을 중심으로 수출을 많이 하는 정책을 펼쳤어요. 이제 우리나라는 세계 경제 대국 20위 안에 들며, 삼성이나 엘지는 세계 100대 기업에 들만큼 세계적인 기업으로 성장하였어요. 하지만 국민 모두가 부자가 된 것은 아니에요.

나라를 발전시키는 것이 옛날

목표였다면, 최근에는 국민 모두 부족함 없이 살고, 안정된 생활을 유지하도록 만드는 것이 나라의 목표예요.

국민 전체 인구 중 대기업에 다니는 사람은 그렇게 많지 않아요. 대부분의 사람들이 중소기업에 다니고 있어요. 나라에서는 대다수의 국민이 일하는 중소기업을 발전시킬 정책을 펼치기로 했어요. 중소기업들을 도와주기 위해 만들어진 부서가 바로 중소벤처기업부예요.

중소벤처기업부에서는 중소기업을 보호하고, 중소기업에서 갖고 있는 기술을 발전시킬 수 있도록 지원하고 있어요. 또한 큰 기업에 휘둘리지 않도록 보호해 줄 법을 만드는 등 다양한 활동을 해요.

구글이나 애플 같은 회사를 만들어 보자고요?

 우리나라에는 왜 구글이나 애플 같은 글로벌 회사가 없는 걸까?

 조금만 기다려 봐. 중소벤처기업부에서 적극적으로 지원하고 있으니까!

우리나라에서 제일 유명한 회사는 삼성, 엘지 같은 큰 회사예요. 물론 인터넷 붐을 타고 네이버나 다음 같은 회사가 성공 신화를 쓰기도 했어요. 하지만 그 후 20년이 넘게 흐르는 동안 네이버나 다음 같은 또 다른 회사가 등장하지 못했어요. 세상은 빠른 속도로 변하고 있는데 우리나라에서는 세상을 뒤집을 혁신적인 회사가 나오지 못하고 있어요. 우리나라에는 왜 구글이나 애플 같은 회사가 없는 걸까요?

미국의 마이크로소프트, 애플, 구글 같은 회사들은 모두 자신의 생각과 기술을 이용해 회사를 만든 후 성공했어요. 최근에도 안경테를 판매하는 벤처 기업 와비파커를 비롯해 전기 자동차를 만드는 테슬라 등 새로운 성공 기업들이 등장하고 있어요.

해외에서 참신하고 혁신적인 기업이 계속 등장하는 것은 아이디어를 갖고 있는 사람이 도전해 볼 기회가 많기 때문이에요.

창업했다가 실패하더라도 금방 다시 일어설 수 있고, 아이디어만 좋으면 창업을 도와줄 지원자를 쉽게 구할 수 있거든요. 하지만 우리나라는 실패에 대한 두려움 때문에 쉽게 창업할 수 없는 환경이에요. 창업했다가 실패했을 경우 책임져야 할 것들이 너무 많거든요.

중소벤처기업부는 우리나라에서 구글이나 애플과 같은 혁신적인 회사가 나올 수 있도록 도와주기 위해 만들어진 부서예요. 나라에서 적극적으로 창업할 수 있는 환경을 만들고 창업자를 지원하겠다는 의지를 나타낸 것이지요.

중소벤처기업부에서는 기술을 마음껏 실험해 볼 수 있는 실험실 공장이나 창업보육센터를 운영하고 있어요. 또한 기술을 가진 사람과 자본가를 연결해 주는 벤처 투자도 지원하고 있지요.

　최근 중소벤처기업부에서는 청년 창업자를 위한 교육과 지원 프로그램도 다양하게 운영 중이랍니다. 이러한 정책은 새로 사업을 시작한 청년들이 어려움 없이 적응할 수 있도록 돕는 것이지요.

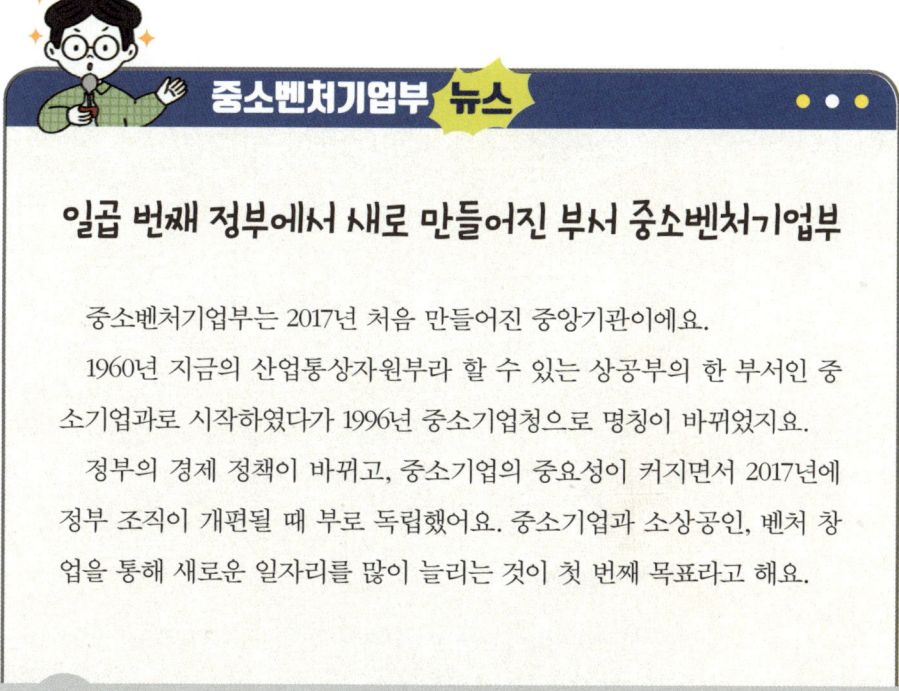

중소벤처기업부 뉴스

일곱 번째 정부에서 새로 만들어진 부서 중소벤처기업부

　중소벤처기업부는 2017년 처음 만들어진 중앙기관이에요.

　1960년 지금의 산업통상자원부라 할 수 있는 상공부의 한 부서인 중소기업과로 시작하였다가 1996년 중소기업청으로 명칭이 바뀌었지요.

　정부의 경제 정책이 바뀌고, 중소기업의 중요성이 커지면서 2017년에 정부 조직이 개편될 때 부로 독립했어요. 중소기업과 소상공인, 벤처 창업을 통해 새로운 일자리를 많이 늘리는 것이 첫 번째 목표라고 해요.

더 알아봐요!

대통령

대한민국의 최고 통치권자이자, 행정부의 가장 높은 자리에 있는 사람이에요. 임기는 5년이며, 임기가 끝나면 다시 할 수 없어요. 대통령은 국민이 직접 투표로 뽑은 국민의 대표자예요. 대통령은 국무총리를 직접 임명할 수 있지요.

국가 원수로서의 지위	최고 통치권을 행사하고, 대외적으로 국가를 대표하는 자격을 가져요.
정부 수반으로서의 지위	정부를 조직하고 이끄는 일을 해요. 행정 각부의 장을 임명하며, 감사를 하는 등 최고 지휘자의 권한을 가져요.
헌법 수호자로서의 지위	국가의 독립, 영토의 보전, 국가의 계속성과 헌법을 수호하며, 한반도의 평화 통일을 해야 하는 의무를 가져요.

국무총리

대통령을 보좌하고, 대통령의 명을 받아 행정 각부를 거느리고 다스려요. 만약 대통령이 사고를 당하거나 자리가 비었을 때 1순위로 대통령의 직위와 권한을 대행해요. 산하 기관으로 2실(국무조정실, 국무총리 비서실), 4처(국가보훈처, 인사혁신처, 법제처, 식품의약품안전처), 4위원회(공정거래위원회, 금융위원회, 국민권익위원회, 원자력안전위원회)가 있어요.

국가보훈처

국가를 위하여 희생, 공헌한 국가 유공자와 그 유가족인 보훈 가족의 영예로운 삶을 유지, 보장해 주는 일을 해요. 대표적인 일은 국가 유공자 및 유가족 취업 지원, 제대 군인 직업 교육 훈련 지원, 일제에 맞서 싸운 독립 유공자의 포상을 신청하는 일을 해요.

법제처

정부의 입법을 지원하는 행정 기관으로, 국민이 알기 쉽고 지킬 수 있는 좋은 법령을 만들어요. 법을 명확하고 공정하게 해석해 국민 행복을 위해 법적인 측면에서 뒷받침하고 있어요. 대표적인 일로 국민 생활에 필요한 법을 국민이 찾기 쉽고, 알기 쉽게 눈높이에 맞추어 풀이하는 일, 모든 법령과 판례를 검색할 수 있는 국가법령정보센터 운영 등이 있어요.

식품의약품안전처

국민의 삶의 질을 향상시키고 먹거리 안전을 책임지는 임무를 맡고 있어요. 식품 안전 정보망을 만들고, 의약품을 안전하게 사용할 수 있도록 안내하는 일을 해요. 대표적인 일로 소비자가 직접 부정·불량 식품을 신고할 수 있게 하고, 건강 기능 식품의 부작용을 관리해서 안전하게 먹을 수 있도록 해요. 또한 어린이 급식 및 영양 관리로 어린이 건강을 증진하는 일도 하지요.

인사혁신처

국민을 위해 일할 유능한 공무원을 뽑고, 양성하는 인사 개혁을 하는 곳이에요. 대표적으로 하는 일은 채용 정보를 제공하고, 공무원 고충 심사를 운영하고 있어요. 또 특정한 업무를 할 전문 경력관을 뽑는 일도 하지요.

📋 국가정보원

대통령 직속 기관으로서 국가 안전 보장에 관련된 일을 하며, 국가의 안보 수호와 발전을 위한 임무가 있어요. 북한을 비롯한 위협 세력의 테러와 사이버 공격을 사전에 막는 일 등 모든 안보에 위협이 되는 일을 비밀리에 수행해요. 또한 국가 기밀을 지키고, 국가 내란을 수사해요.

📋 감사원

국민이 낸 세금이 제대로 쓰이고 있는지를 감독하는 일을 하며, 행정 기관과 공무원이 일을 잘하는지 감찰해요. 국가, 지방 자치 단체, 한국은행 등이 돈을 잘못 쓰지는 않았는지도 감사하지요. 감찰은 누구의 간섭도 받지 않아야 하므로, 대통령 소속의 중앙 행정 기관이라 해도 그 직무에 대해서는 대통령 또한 간섭하지 못해요.

📋 방송통신위원회

디지털 기술의 발달에 따라 방송과 통신에 관련된 일을 해요. 방송의 자유와 공공성 및 공익성을 보장하며, 방송과 통신의 균형 발전과 국제 경쟁력을 높이기 위해 노력해요. 대표적으로 지상파 방송과 종합 편성, 보도 전문 방송에 대해 재허가를 해 주는 일, 휴대 전화와 이메일 등에 오는 불법 스팸을 없애는 일, 시청각 장애인을 위한 방송 제작을 지원하고 있어요.

📋 행정안전부

대한민국의 법령 및 조약을 공포하고, 전자 정부(정부24)를 운영해요. 또 지방 자치 제도 등에 관한 사무를 관장하고, 안전 관리 및 재난 대비와 복구에 관한 정책을 기획, 총괄해요. 스마트폰을 이용하여 일상 속 생활 불편 사항을 언제 어디서나 신고할 방법을 안내해 주고, 영유아부터 어르신까지 필요한 정보와 서비스를 신청할 수 있는 생애 주기 서비스를 지원해요. 산하 기관으로 경찰청과 소방청이 있어요.

농림축산식품부

농산과 축산 관리, 식량과 농지 관리 등의 일을 해요. 음식점에서 원산지를 제대로 표시하는지 관리하고 위반했으면 처벌해요. 반려 동물이 버려지거나 잃어버리는 것을 방지하기 위해 동물등록제를 안내하고, 귀농이나 귀촌을 할 사람들이 농촌에 안정적으로 정착할 수 있도록 자금을 지원해 주며, 농촌에 필요한 인력을 육성해서 농촌이 잘살 수 있도록 도와줘요. 산하 기관으로 농촌진흥청과 산림청이 있어요.